웨스트민스터 신앙고백서는
1647년 30명의 평신도(상원의원 20, 하원의원 10)와
121명의 잉글랜드 목사 및
6인의 스코틀랜드 장로교회 대표단이 참여하여
5년 6개월 22일 동안 1,163차의 회의를 통해 작성된
개혁주의 신앙 '표준문서'이다.
(대·소요리문답은 1648년에 승인됨)
개혁주의 신학의 토대 위에 세워진 한국 교회는
본 〈신앙고백서〉와 〈대·소요리문답〉을
신앙의 표준으로 받아들여 오늘에 이르렀다.

**함께 공부하는
웨스트민스터 신앙고백서**

초판 1쇄 발행 2022년 8월 30일
2쇄 발행 2025년 8월 20일

지은이 | 황갑수
펴낸이 | 강인구

펴낸곳 | 세움북스
등 록 | 제2014-000144호
주 소 | 서울시 종로구 대학로 19 한국기독교회관 1010호
전 화 | 02-3144-3500
팩 스 | 02-6008-5712
이메일 | cdgn@daum.net

디자인 | 참디자인

ISBN 979-11-91715-48-4 (03230)

* 이 책은 신저작권법에 의하여 국내에서 보호를 받는 저작물입니다.
  출판사와의 협의 없는 무단 전재와 무단 복제를 엄격히 금합니다.
* 책값은 뒷표지에 있습니다.
* 잘못된 책은 교환하여 드립니다.

함께 공부하는
웨스트민스터 신앙고백서

황갑수 지음

성도의 '서로 교통함'을 위한 소그룹 교리 학습서

세움북스

목차

	추천사	6
	나눔을 권함	8
	본서의 특징과 사용법	10
	소그룹의 구성과 성경공부 진행	12

‖서론‖	제1장	성경에 관하여	15
‖신론‖	제2장	하나님과 삼위일체에 관하여	23
	제3장	하나님의 영원한 작정에 관하여	28
	제4장	창조에 관하여	34
	제5장	섭리에 관하여	38
‖인간론‖	제6장	인간의 타락과 죄 및 형벌에 관하여	44
‖기독론‖	제7장	사람과 맺은 하나님의 언약에 관하여	49
	제8장	중보자 그리스도에 관하여 (상)	54
	제8장	중보자 그리스도에 관하여 (하)	58

구원론

제9장	자유의지에 관하여	63
제10장	유효한 부르심에 관하여	67
제11장	칭의에 관하여	72
제12장	양자 삼으심에 관하여	77
제13장	성화에 관하여	80
제14장	구원에 이르게 하는 믿음(신앙)에 관하여	84
제15장	생명에 이르게 하는 회개에 관하여	88
제16장	선행에 관하여	93
제17장	성도의 견인에 관하여	100
제18장	은혜와 구원의 확신에 관하여	105

교회론

제19장	하나님의 율법에 관하여	110
제20장	그리스도인의 자유와 양심의 자유에 관하여	116
제21장	예배와 안식일에 관하여	121
제22장	합법적인 맹세와 서원에 관하여	127
제23장	국가 위정자에 관하여	132
제24장	결혼과 이혼에 관하여	137
제25장	교회에 관하여	142
제26장	성도의 교통에 관하여	147
제27장	성례에 관하여	151
제28장	세례에 관하여	153
제29장	주의 만찬(성찬)에 관하여	158
제30장	교회의 권징에 관하여	164
제31장	대회(총회)와 협의회에 관하여	168

종말론

제32장	죽음 이후 인간의 상태와 죽은 자들의 부활에 관하여	172
제33장	최후의 심판에 관하여	176

모범 답안

181

추천사

성경은 그 자체가 교리서입니다. 하나님이 어떤 분인지, 그분이 무엇을 하셨고, 무엇을 하고 계시는지를 가장 잘 알려주는 책이 성경입니다. 그러므로 성경은 교리로 충만한 책입니다. 그런데 그런 세세한 내용을 단순히 성경만 읽어서 다 파악할 수 있다면 신학 서적들이 서재에 빼빼이 자리를 차지할 이유가 없었을 것입니다.

성경을 정금보다 더 사랑하고 꿀송이보다 더 사모하는 사람들이 연구하고 연구해서, 성도라면 누구나 알아야 할 기본적인 내용을 하나로 만든 것이 신앙고백서입니다. 그 고백서 중 가장 정리가 잘 되어 있는 〈웨스트민스터 신앙고백서〉와 〈소요리문답서〉의 내용을 현대 교인들이 잘 이해하고, 무엇보다 성경을 사랑하는 학도들이 되게 하는 길잡이 역할을 하는 좋은 교재가 나온 것에 대해서 성경을 사랑하는 한 사람으로서 매우 즐겁고 설레는 마음으로 이 책을 추천합니다. 딱딱한 교리 책이 아니라 함께 읽고 문답하는 방식을 통해서 머리에 진입하는 지식이 아니라 삶으로 우러나는 산 지식이 되게 하는 장점을 살린 귀한 책이 여러분의 손에 들려지는 즐거움을 그려봅니다.

지금까지 신앙고백서 해설서들은 많이 나왔어도 성경 공부용 교재로 나온 것은 드뭅니다. 주님께서 맡겨 주신 영혼들을 그리스도를 아는 지식 가운데서 자라게 하고자 목양하는 현장에서 이미 경험한 것들을 다른 지체들과도 나누고 싶은 열망으로 귀한 책을 내놓은 황갑수 목사에게 진심으로 감사하고 축하의 말씀을 드립니다. 진리의 광맥을 파고들어, 노다지 캐내는 즐거움을 만끽하는 은혜가 본 교재를 사용하는 모든 신자에게 주어지게 되기를 간절히 기도합니다. 아니, 그렇게 경험될 것이라고 확신합니다.

서창원 목사 (전 총신대 신학대학원 역사신학 교수, 현 한국 개혁주의설교연구원 원장)

    돌이켜 생각해 보니 제 신앙생활이 어느덧 햇수로 30년을 바라보고 있습니다. 사람으로 따져 보면 사회생활을 시작하고 가정을 꾸릴 수도 있는 나이일 것입니다. 그렇게 오랜 시간 신앙생활을 지속했지만, 신앙이 그 세월에 버금가는 어엿한 성인으로 자리매김했냐고 자문한다면 부끄러워 고개를 들지 못하겠습니다. 신앙생활 한 시간만큼이나 다양한 교재와 방법으로 성경공부를 해왔었습니다. 그리고 2년여 전부터는 오병이어교회 황갑수 목사님과 함께 〈웨스트민스터 신앙고백서〉를 공부를 해왔습니다. 그런데 목사님이 집필하신 교재는 제가 기존에 접해 왔던 교재처럼 쉽게 다가오지도 못했고, 그렇다고 재미있게 다가오지도 않았습니다. 하지만 한 장 한 장 공부가 지속될수록 그간 무질서하게 자리 잡고 있었던 말씀과 교리들이 머릿속에서 자리를 잡아가고 컴퓨터에 폴더를 만들 듯이 목차가 생겨남을 느끼게 되었습니다.

    목사님과 〈웨스트민스터 신앙고백서〉를 함께 공부한 시간은 세월이 지나도 어른이 되지 못했던 나의 신앙을 성장시켜 주었습니다. 앞으로도 하나님의 온전한 뜻을 공부하는 여정은 쉽지 않겠지만, 본서를 나침반 삼아 천천히 나아갈 생각입니다. 또한 저처럼 교회 생활을 오래 했음에도 신앙의 체계가 부족한 신자들이나, 처음부터 제대로 된 방향으로 신앙생활을 시작하려고 하는 모든 신자에게 본서를 자신 있게 추천합니다.

신민철 집사 (㈜토마 커뮤니케이션 대표이사)

나눔을 권함

왜 신앙고백서를 공부해야 할까요?

지난 1980년대 이후 한국 교회 안에서는 평신도 훈련이라는 기치 아래 다양한 형태의 '성경공부'가 활발하게 행해져 왔습니다. 그러나 그럼에도 불구하고, 성경 해석의 안내자가 되어야 할 신앙고백적 교리에 대한 체계적 이해의 부족으로 인해 지적인 교인들조차 건강한 성경적 신앙 체계를 형성하는 데는 역부족인 측면이 있어 왔습니다. 그러는 사이, '교리'가 평신도에게는 어렵고 불필요한 사족(蛇足)처럼 치부되었고, 그러한 현상의 장기적 결과로 정통 교회의 사람들이 자기 신앙을 제대로 변호하거나 설명하지 못하는 지경에 이르게 되었습니다.

이러한 영적 위기를 효과적으로 극복하는 방법은, 그동안 믿음의 선진들이 견지해 왔던 체계적인 '교리 교육'에 다시금 관심을 기울이는 것입니다. 사실, 16세기 '종교개혁' 역시 그 근본적인 성격은 참된 성경적 '교리의 회복 운동'이 아니었겠습니까! 이것이 바로 필자가 이번에 개혁 교회의 역사적 산물인 '신앙고백서'를 중심으로 한 학습 교재를 내놓은 이유입니다. 지난 17세기 로마 가톨릭과 개혁파 사이에서 영국 교회가 직면한 사상적/교리적 혼돈을 종결시키기 위해 종교개혁의 후예들이 마련한 해결책은 다름 아닌 교리를 바로 세우는 것이었고, 그 결과물이 바로 〈웨스트민스터 신앙고백서〉(The Westminster Confession of Faith, 이하 WCF, 1647년)였습니다. 이 WCF가 우리 시대 교회들의 신앙 교육과 영성 훈련을 위해 선택할 수 있는 가장 탁월한 콘텐츠 중의 하나라는 데는 별 이의가 없을 것입니다. 그러나 개혁 교회(Protestant/Reformed Church) 내에서조차 '익숙하지만 실제로 읽어 본 사람은 별로 없는' 것이 바로 WCF이기도 합니다. 믿음의 선진들이 이 신앙고백서를 작성했을 때, 그것이 전체 목회자와 신자들에게 가르쳐져야 한다는 절박한 필요성 속에서 탄생한 것이었음에도 불구하고 말입니다.

WCF는 매우 간결하지만, 기독교 교리 전체를 망라하고 있는 참 좋은 신앙의 안내서입니다. 이 〈웨스트민스터 신앙고백서〉를 이제 우리도 재미있게 공부할 수 있지 않을까 하는 기대를 가져 봅니다. 역사 속에서 섭리하시는 하나님의 자비를 의지하며….

웨스트민스터 신앙고백서를 소그룹으로 공부하면 무엇이 좋은가요?

신앙고백서를 통해 교리를 배우는 일반적인 방식은 강의나 설교를 통해서일 것입니다. 그러나 이는 매우 수동적이고, 자칫 학습자 자신의 주도적인 학습의 결여로 인해 다소 비효율적이 되기 쉽습니다. 따라서 저는 그리스도의 몸 된 우리 교회를 위한 역사적 보화(寶貨)인 이 WCF에 대한 여러 교육 방식 중에서 특별히 '소그룹'을 통한 토의식공부를 제안코자 합니다. 왜냐하면, 소그룹(Group Bible Study) 방식의 WCF 교육은 교인들이 목회자(인도자)와 더불어 직접 신앙고백서 원문을 읽어 가면서 자기 생각을 나눌 수 있는 '직접적 소통'을 뜻하기 때문입니다. 나아가, 소그룹 교리(성경) 공부는 참여하는 멤버들이 친밀한 성도의 교제를 실제로 경험하는 효과적인 방편이 될 것입니다. 소그룹 성경공부 모임은 교인 상호 간에 친밀한 나눔과 교제의 장으로 기능하기 때문입니다. 이 공부를 함께 하는 과정에서 여러분은 단순히 '머리'가 아닌 '마음'이 풍요로워지는 것과 "성도가 서로 교통하는" 실제를 경험하게 될 것이 분명합니다. 그 외에도 소그룹 진행 중에 신앙고백서에 대한 특별한 관심과 탁월한 이해를 보이는 멤버가 있다면, 그를 통해 또 다른 소그룹을 형성하고 가르치게 하는 제자 훈련과 재생산의 효과도 얻을 수 있습니다(딤후 2:2, "또 네가 많은 증인 앞에서 내게 들은 바를 충성된 사람들에게 부탁하라. 그들이 또 다른 사람들을 가르칠 수 있으리라"). 의외로(?) 우리는 자기 주도적인 배움을 좋아하고 즐기는 성향을 가지고 있지 않습니까!

본 교재의 특징과 사용법

본 교재는 다음과 같은 네 가지의 특징을 가지고 있습니다. (1) 이해와 토의를 위한 실제적인 문제 구성과 기초 답안 제공. (2) 장별로 제시되고 있는 해당 교리에 상응하는 '소요리문답'을 첨부하여 표준 문서에 대한 종합적 이해 함양. (3) 주제 교리와 더불어 그것의 기초가 되는 관련 성경 말씀을 함께 연구하도록 문제를 구성. (4) 개인 연구와 교회에서의 소그룹 모임 시 사용상의 편의를 위해 장별 문제 앞에 신앙고백서 원문을 첨부. (원문은 필자의 사역(私譯)으로서, 영어 원문은 OPC(The Orthodox Presbyterian Church, 미국정통장로교회) 영문판을 사용하였고, 한글 번역으로는 서창원 편, 『칼빈의 시편찬송가』(시편찬송가 편찬위원회, 2016). 최더함, 『웨스트민스터 신앙고백서』(크리스찬투데이, 2018), 『개혁주의 신앙고백서 모음』(솔리데오글로리아교회 출판부, 2021) 등을 참조함.)

우선, 본 교재는 장별로 4-5개의 많지 않은 문제를 제시함으로써, 1시간 정도의 소그룹 시간에 맞추어 여유 있게 다룰 수 있도록 배려했습니다. 서론적 질문은 해당 주제에 대한 학습자의 기존의 생각이나 이해를 반성하면서 주제에 접근할 수 있도록 도와줄 것입니다. 이어지는 2-3개의 질문은 해당 교리에 대한 구체적 이해를 탐구하는 본론적 질문이 되겠고, 마지막 질문은 해당 교리를 실제로 신자의 삶 속에서 어떻게 실천해야 할지를 생각하게 해주는 적용 질문입니다. 이렇게 본 교재를 함께 공부함으로써 여러분의 소그룹 모임은 단순한 이론적 학습이 아니라 삶을 변화시키는 역동적 활동의 장이 될 것입니다.

또한, 본 교재는 해당 교리에 상응하는 〈웨스트민스터 소요리문답〉을 제시함으로써, 이에 익숙한 교인들에게 신앙고백서(신도게요)와의 연관성을 확인케 하고 교리에 대한 보다 확장된 이해를 도모합니다. (사실, 우리에게 더 익숙한 '소요리문답'은 WCF을 청소년들에게 교육하기 위해 만들어진 문답서입니다. '대요리문답'이 장년을 대상으로 한 문답서인 것처럼 말입니다.) 아울러, 하나의 교리가 형성된 기초인 성경 본문에 대한 탐구를 아우름으로써, 신앙고백서 원문에 대한 이론적 학습에 그치지 않고 하나님의 말씀에 대한 전반적인 이해를 함양코자 하는 의도 속에서 본 교재는 만들어졌습니다.

이제 본 교재의 사용법을 살펴보겠습니다. 여기에서 제가 WCF 교리 공부를 '성경공부'라고 칭하는 것은 신앙고백서에 대한 우리의 공부가 단순히 신학적이고 철학적인 학습이 아니라 하나님의 말씀인 성경 본문에 대한 철저한 탐구와 함께 이 교리 공부가 진행되어야 하기 때문입니다. 많은 경우 교리 공부에 실패하는 이유는, '교리'를 성경의 요약 또는 원리로 이해하면서 성경 본문 중심의 학습을 하지 않고 단순히 교리 진술만을 다루는 것에 그치기 때문입니다.

앞서 말한 대로, 본 교재는 약 45-60분 정도의 시간에 열 명 이하의 멤버가 매주 공부하는 것으로 상정하여 장별로 4-5개의 문제를 담고 있습니다. 총 33장에 걸친 WCF을 장별로 공부하고 교육하기 위한 인도자의 4단계 준비 과정은 ① 신앙고백서 본문에 대한 개인 연구, ② 장별로 출제된 문제 풀기, ③ 학습자들이 할 것으로 예상되는 질문들 미리 생각해 보기, ④ 소그룹에서 인도하기입니다.

무엇보다, 인도자는 신앙고백서 자체를 먼저 연구하고 숙지하는 것이 가장 중요합니다. 교재 중심의 성경공부 인도를 위해서는 우선, 추천할 만한 연구서들을 참조하여 WCF 33장에 실린 주제 전체를 -각각의 주제와 관련된 성경 말씀과 연결하여- 충분히 이해하는 것이 선행되어야 할 것입니다. 이때 인도자는 최소한 WCF 전체를 먼저 읽고 공부한 다음 소그룹 모임을 시작하는 것이 바람직하겠습니다.

※ 추천할 만한 참고서

① R. C. 스프로울, 『웨스트민스터 신앙고백 해설』, 이상웅, 김찬영 역 (부흥과개혁사, 2018).
② 최더함, 『웨스트민스터 신앙고백서』 (크리스천투데이, 2018).

소그룹의 구성과 성경공부 진행

목회자(인도자)의 개인 연구와 교재 준비가 나무의 뿌리와 줄기에 해당한다면, 소그룹 모임의 진행은 '꽃'에 해당한다고 말할 수 있습니다. 왜냐하면, 이 시간이 사실상 공부의 열매를 결정하기 때문입니다. 그러므로 소그룹 모임은 주의 깊게 구성되고 진행되어야 합니다. 거기에는 많은 함정들이 있기 때문입니다. 건전하고 친밀한 인간관계와 상호 간의 신뢰가 형성되지 않는 한 소그룹 모임은 치명적인 한계를 가질 수밖에 없습니다. 인도하는 목회자를 포함하여 멤버들 간에 진솔한 대화가 이루어질 수 없다면, 모임은 공회전만 하면서 굴러가지 않는 자동차와 같게 될 것이기 때문입니다.

소그룹 모임의 구성과 목표

소그룹 모임의 첫째 단계는 멤버를 모으는 것입니다. 인도자(목회자)는 세심한 배려심을 가지고, 필요에 따라 다양한 성향의 멤버를 구분하여 좀 더 활력이 넘치는 소그룹을 구성할 수 있습니다. (예를 들어, 부부 모임, 장로/안수집사 모임, 청년 모임 등등). 이때 중요한 것은 '동기'를 부여하는 것입니다. 무엇보다 인도를 맡은 이 자신의 의지와 목표를 분명히 함으로써 교인들의 호응과 기대를 불러 일으켜야 합니다.

멤버 구성이 이루어지면, 다음 단계는 소그룹을 실제로 인도하는 것입니다. WCF는 매주 한 번 모여서 장별로 공부할 때 최소한 약 7-8개월 정도의 기간을 요하는데, 이는 참여하는 교인들 입장에서는 상당히 긴 시간입니다. 이 과정에서 집중력을 잃지 않고 공부할 수 있도록 멤버들을 독려하고 이끌기 위해서는 목회자의 열정과 지혜가 요구됩니다. 이를 위해, 소그룹 '인도자'에게 요청되는 두 가지는 '목표 제시'와 '열린 마음'이라 하겠습니다.

우선, 인도자는 신앙고백서를 공부하는 명확한 이유와 목표를 제시해야 합니다. 그것은 바로 '교리' 공부를 통해 하나님을 아는 지식에서 자라가고 생각(가치관)과 삶이 변화를 받는 것입니다. 대부분의 신자들은 '교리'에 약합니다. 교인들 스스로도 그 사실을 잘 알고 있습니다. 반면, 많은 교인들은 교리 공부의 필요성에 대하여 상당한 오해를 하고 있음도 사실입니다. 교리가 실제 신앙생활과 별 상관이 없다는 오해를 불식시키는 가장 좋은 방법은 실제로 교리 공부를 하면서 진리의 영이신 성령 하나님의 내적 역사, 사람을 변화시키는 말씀의 능력을 경험하는 것입니다. 여기에 -말씀을 깨닫게 하시는 진리의 영이신 성령 하나님의 강력한 임재를 위하여- 인도하는 목회자의 '도고'와 학습자의 진심 어린 기도가 요구됨은 물론입니다(요 14:17; 16:7-14).

소그룹 인도자의 마음가짐

둘째로, 성공적인 소그룹 인도를 위한 지침은 인도자가 먼저 열린 마음으로 소그룹에 참여함으로써 소그룹에 참여한 멤버들의 자발적인 참여를 이끌어 내는 것입니다. 이를 위해 가장 중요한 것은 -매우 역설적이게도- 인도자(목회자)가 일방적으로 가르치고자 하는 태도를 내려놓는 것입니다. 인도자가 가르치려고 드는 것이 소그룹 성경공부가 실패하는 가장 큰 이유로 나타나고 있습니다. 성급하게 오답을 바로잡고 정답을 가르치기 전에, 열린 마음으로 사람들의 말을 들어 주는 것이 우선입니다. 또 인도하는 목회자 역시 자신의 직분을 잠시잊고, 열린 마음으로 솔선수범하여 자신의 삶을 오픈하고 나누는 것이 가장 효과적인 교육 태도라 하겠습니다. 그렇게 열려 있는 소그룹 안에서 교인들은 '훈육'되고 있으며, 교리에 대한 적용 능력이 성장하게 된다는 것을 기억하십시오. (교육은 신앙고백서 자체가 이미 수행하고 있지 않습니까!) 인도자는 학습자들의 이야기를 많이 듣고 깊이 생각하되, 가능한 한 적게 말할 필요가 있습니다. 그래야 학습자들이 능동적으로 소그룹 나눔과 공부에 참여할 수가 있을 것입니다.

소그룹 참여자(학습자)의 책임과 특권

다음으로, 학습자는 소그룹에 참여하면서 자신의 의무와 책임을 인식하는 것이 중요합니다. (반대로, 인도자가 학습자들의 의무를 지속적으로 상기시키는 것 역시 중요한 과제가 됩니다.) 학습자의 첫째 의무는, 소그룹에 참여한 멤버들이 매주 공부하는 주제(장) 전체 항목을 먼저 꼼꼼하게 읽고 교재를 먼저 풀어 와야 한다는 것입니다. 성경을 공부해 본 모든 신자들의 공통된 경험은 "진리를 묵상하는 시간이 참 즐겁다"는 것입니다. 그렇다면, 성경의 요약인 '교리' 공부야말로 진리와 함께 살아가는 우리 그리스도인들의 의무인 동시에 포기할 수 없는 특권입니다. 진리를 서로 주고받음으로써 믿음의 성장과 더불어 깊은 성도의 교제를 기대하십시오(엡 4:25). "신학은 신조의 해석"이라 했습니다. 좋은 신앙은 올바른 신조로부터 나옴을 기억하면서 교리 공부를 통해 믿음의 진보를 이루어 가도록 서로 격려해 주십시오. 자, 이제 출발합시다!

"그런즉 거짓을 버리고
각각 그 이웃과 더불어 참된 것을 말하라.
이는 우리가 서로 지체가 됨이라"

(엡 4:25)

제1장
성경에 관하여

01

본성의 빛(이성)과 창조와 섭리의 일들은 사람이 핑계할 수 없을 만큼 하나님의 선하심과 지혜와 권능을 명백하게 나타내고 있다.[1]

그러나 그것들이 하나님을 아는 지식과 구원에 필요한 하나님의 뜻을 아는 데에는 충분하지 못하므로,[2] 주님께서는 여러 시대에 여러 방식으로 자신을 나타내시며 자기의 뜻을 교회에 알려 주시기를 기뻐하셨다.[3]

그리고 후에는 진리를 더 잘 보존하고 전파하기 위해, 또 육체의 부패와 사탄과 세상의 사악함에 맞서서 교회를 더 견고하게 세우고 위로하기 위해 그 진리를 온전히 기록하게 하셨다.[4]

이것이 성경이 가장 필요하게 된 이유이며,[5] 따라서 하나님께서 자기 백성들에게 자신의 뜻을 계시하던 이전 방식은 중단되었다.[6]

---

1 롬 2:14-15; 롬 1:19-20; 시 19:1-3; 롬 1:32; 롬 2:1
2 고전 1:21; 고전 2:13-14
3 히 1:1; 갈 1:11-12
4 잠 22:19-21; 눅 1:3-4; 롬 15:4; 마 4:4; 마 4:7; 마 4:10; 사 8:19-20; 벧후 3:15-16
5 딤후 3:15; 벧후 1:19
6 히 1:1-2

02

성경 또는 기록된 하나님의 말씀이라는 명칭 아래 구약과 신약이 다 포함되어 있으니, 그 책들은 다음과 같다.

구약 : 창세기, 출애굽기, 레위기, 민수기, 신명기, 여호수아, 사사기, 룻기, 사무엘상, 사무엘하, 열왕기상, 열왕기하, 역대상, 역대하, 에스라, 느헤미야, 에스더, 욥기, 시편, 잠언, 전도서, 아가, 이사야, 예레미야, 예레미야애가, 에스겔, 다니엘, 호세아, 요엘, 아모스, 오바댜, 요나, 미가, 나훔, 하박국, 스바냐, 학개, 스가랴, 말라기 (총 39권)

신약 : 마태복음, 마가복음, 누가복음, 요한복음, 사도행전, 로마서, 고린도전서, 고린도후서, 갈라디아서, 에베소서, 빌립보서, 골로새서, 데살로니가전서, 데살로니가후서, 디모데전서, 디모데후서, 디도서, 빌레몬서, 히브리서, 야고보서, 베드로전서, 베드로후서, 요한일서, 요한이서, 요한삼서, 유다서, 요한계시록 (총 27권)

이 모든 책들은 하나님의 영감에 의해 주어졌으니, 신앙과 생활의 유일무이한 규범이다.[7]

03

보통 외경이라고 불리는 책들은 하나님의 영감으로 기록된 것이 아니므로 정경에 포함될 수 없다. 그러므로 외경은 하나님의 교회 안에서 어떤 권위도 갖지 못하며, 또 입증될 만한 것도 아니기 때문에 다른 어떤 인간의 저작물보다 더 유용한 것도 아니다.[8]

---

7 눅 16:29; 눅 16:31; 엡 2:20; 계 22:18-19; 딤후 3:16
8 눅 24:27; 눅 24:44; 롬 3:2; 벧후 1:21

04

마땅히 믿고 순종해야 하는 성경의 권위는 인간이나 교회의 증언이 아니라, 진리 자체이시며 성경의 저자이신 하나님께 속한 것이다. 즉, 성경의 권위는 이 성경이 하나님의 말씀이라는 사실에 있다.[9]

05

우리는 교회의 증언에 감동과 감화를 받아서 성경을 최고로 높이고 존귀하게 여긴다.[10]

그리고 성경 내용의 신령함, 교리의 유효성, 문체의 장엄함, 모든 내용의 일관성, 하나님께 모든 영광을 돌리려는 전체적인 관점, 사람을 구원하는 유일한 길이 되는 진리의 온전한 발견, 이 외에도 수많은 비교 불가한 놀라운 것들과 전체의 완전성은 성경이 하나님의 말씀이라는 것을 충분히 증명하고도 남는다.

나아가, 성경의 무오한 진리와 신적 권위에 대하여 충분한 설득력과 확신을 더욱 가지게 되는 것은 말씀에 의해, 그리고 말씀을 가지고 우리의 마음속에 증거하시는 성령의 내적 사역에 의해서이다.[11]

---

9 벧후 1:19; 벧후 1:21; 딤후 3:16; 요일 5:9; 살전 2:13
10 딤전 3:15
11 요일 2:20; 요일 2:27; 요 16:13-14; 고전 2:10-12; 사 59:21

06

하나님 자신의 영광과 인간의 구원, 신앙생활을 위해 필요한 모든 것과 관련한 하나님의 전체 계획은 성경에 분명하게 기록되어 있거나, 아니면 선하고 적절한 추론에 의하여 성경에서 찾을 수 있다. 그러므로 어느 때를 막론하고 성령의 새로운 계시에 의해서든 인간의 전통에 의해서든 아무것도 이 성경에 추가될 수 없다.[12]

그럼에도 불구하고, 성경에 계시된 것과 구원받는 도리를 이해하기 위해서 성령의 내적 조명이 필요하다는 것을 우리는 인정한다.[13]

또한, 예배와 교회 정치에 관한 제반 문제들은, 어떤 특별한 환경과 상황들이 함께 얽혀 있음을 인정하는 바, 항상 순종해야 할 말씀의 규범에 복종하는 본성의 빛(이성)과 신앙적 분별력에 의해 규정되어야 할 것이다.[14]

07

성경에 있는 모든 내용은 그 자체가 한결같이 명백하거나 모두에게 명확한 것으로 받아들여지지는 않는다.[15]

그러나 구원을 위해서 반드시 알아야 하고 믿어야 하며 지켜야 할 것들은 성경의 이곳저곳에서 아주 분명하게 제시되어져 있고 밝혀져 있다. 그렇기 때문에, 배운 자나 못 배운 자나 통상적인 방편을 정당하게 사용하기만 한다면 그것들은 충분히 이해될 수 있다.[16]

---

12 딤후 3:15–17; 갈 1:8–9; 살후 2:2
13 요 6:45; 고전 2:9–12
14 고전 11:13–14; 고전 14:26; 고전 14:40
15 벧후 3:16
16 시 119:105; 시 119:130; 행 17:11–12

08

히브리어로 기록된 구약 성경(히브리어는 옛적 하나님의 백성의 모국어였다)과 헬라어로 기록된 신약 성경(헬라어는 신약, 이 기록될 당시 일반적으로 사용된 공용어였다)은 하나님에 의해서 직접적으로 영감된 것이다. 이 성경은 하나님의 특별한 보호와 섭리로 모든 시대에 온전하게 보존되었기에 신뢰할 만하다.[17]

그러므로 모든 종교적 논쟁에 있어서 교회는 최종적으로 신·구약 성경에 의존해야 한다.[18]

그러나 이 두 개의 원어는 성경에 대한 권리와 관심을 가지고 성경을 읽고 연구하는 모든 하나님의 백성들이 사용하는 자국어는 아니기 때문에, 성경은 전수되는 모든 나라의 고유한 언어로 번역되어야 한다.[19]

그리하여 하나님의 말씀이 모든 사람에게 풍성히 거함으로써, 하나님을 합당한 방법으로 예배하게 하며[20], 성경이 주는 위로를 통해서 인내하며 소망을 가지도록 해야 한다.[21]

09

성경 해석의 무오한 법칙은 성경 자체이다. 그러므로 어떤 성경 본문의 참되고 완전한 의미에 관해 의문이 생길 때(언제나 그 의미는 여러 가지가 아니고 하나이다), 보다 명확하게 언급하고 있는 다른 본문들을 통해 그 뜻을 알도록 해야 한다.[22]

---

[17] 마 5:18
[18] 사 8:20; 행 15:15; 요 5:39; 요 5:46
[19] 고전 14:6; 고전 14:9; 고전 14:11-12; 고전 14:24; 고전 14:27-28
[20] 골 3:16
[21] 롬 15:4
[22] 벧후 1:20-21; 행 15:15-16

종교적 논쟁들에 대한 결정, 종교회의에서 제정된 신조들, 고대 교부들의 견해, 인간의 교리들, 검증되어야 할 거짓 영들에 관한 모든 판결에 있어서 최고의 재판관은 성경 안에서 말씀하시는 성령이시며, 우리는 그분의 판단을 따라야 한다.[23]

---

[23] 마 22:29; 마 22:31; 엡 2:20; 행 28:25; 눅 10:26

제1장

성경

(Of the Holy Scripture)

소요리문답 제2-3문

제2문. 우리가 어떻게 하나님을 영화롭게 하며 그를 즐거워할 것인가를 지시하시기 위해 주신 법칙은 무엇입니까?
제3문. 성경이 주로 가르치는 내용은 무엇입니까? (믿음에 이르는 길과 신자의 의무, 요 20:31)

> 신앙고백서 제1장(성경에 관하여)의 1-10항을 모두 읽어 보셨나요?
> 그중에서 가장 도움이 되었거나 새롭게 다가온 내용은 무엇인지 메모해 보세요.

1. 오늘날 교회와 신자에게 성경이 반드시 필요한 이유가 무엇일까요?
   아래의 성경 말씀을 참조하여 생각해 보세요.

   (1) 딤후 3:15-17

   (2) 마 4:4; 24:44-46

   (3) 눅 24:27, 44

2. 신구약 성경의 권수와 이름을 외우고 있나요(2항)? 로마 가톨릭교회가 수용하고 있는
   '외경'(위경)은 왜 하나님의 말씀으로 받아들여질 수 없을까요?
   3-6항(고전 2:1-16)을 참조하여 그 이유를 찾아보세요.

   (1) 역사적 권위

   (2) 성경의 내적 증거

3. "주의 말씀은 내 발에 등이요 내 길에 빛"(시 119:105)이라고 하셨는데,
   우리가 지금 직면한 고민을 해결해 줄 구체적인 '말씀'을 찾을 수 없을 때, 우리는
   어떻게 하나님의 뜻을 분별하고 결정할 수 있을까요? (7-10항)

4. 최근 당신의 삶에서 성경의 도움을 가장 크게 받았던 경험이 있나요?
   당신이 생각하는 '성경 읽기'의 유익은 무엇인가요?

제2장
하나님과 삼위일체에 관하여

01

오직 한 분이시며 살아 계시고 참되신 하나님은 존재와 완전함에 있어서 무한하시다.[1]

그는 가장 순결한 영이시며,[2] 보이지 않으시며,[3] 몸(신체)이 없으시며,[4] 사람과 같은 성정(性情)도 없으시다.[5] 그는 불변하시며,[6] 광대하시고,[7] 영원하시며,[8] 측량할 수 없으시고,[9] 전능하시고,[10] 가장 지혜로우시고,[11] 가장 거룩하시며,[12] 가장 자유로우시고[13] 가장 절대적이시다.[14]

그는 자신의 변함없는 의로운 뜻을 따라 자신의 영광을 위해 모든 일을

---

1 신 4:4; 고전 8:4; 고전 8:6; 살전 1:9; 렘 10:10; 욥 11:7-9; 욥 26:14
2 요 4:24
3 딤전 1:17
4 신 4:15-16; 요 4:24; 눅 24:39
5 행 14:11, 15
6 약 1:17; 말 3:6
7 왕상 8:27; 렘 23:23-24
8 시 90:2; 딤전 1:17
9 시 145:3; 롬 11:33
10 창 17:1; 계 4:8
11 롬 16:27
12 사 6:8; 계 4:8
13 시 115:3
14 출 3:14; 사 44:6; 행 17:24-25

행하신다.[15] 그는 가장 사랑이 많으시며, 은혜로우시고 자비하시다.[16]

그는 오래 참으시고, 인자와 진리가 풍성하시어 죄악과 허물을 사하시며,[17] 자기를 부지런히 찾는 자들에게는 상을 주시는 이시다.[18]

그의 심판은 가장 공의롭고 무서우며,[19] 모든 죄를 싫어하시며 결코 면죄(免罪)하지 않으신다.[20]

02

하나님은 자신 안에 모든 생명과 영광과 선함과 복을 가지고 계신다. 그러므로 이 모든 것들이 그분으로부터 나온다.[21] 그분은 홀로 자기 안에서 전적으로 만족하시니, 피조물의 도움을 필요로 하지 않으시며 그들에게서 어떤 영광도 얻으려 하지 않으신다. 다만 자신의 영광을 피조물 안에서, 피조물을 통하여, 그리고 피조물에게 나타내실 뿐이다.[22]

하나님은 홀로 모든 존재의 근원이시며 모든 만물이 다 그에게서 나오고 그분으로 말미암고 그에게로 돌아간다.[23] 그분은 만물을 주권적으로 통치하시며 자신이 기뻐하시는 것은 무엇이든지 만물에 의해, 만물을 위하여, 만물에게 행하신다.[24]

---

15 엡 1:11; 잠 16:4; 롬 11:36
16 요일 4:8, 16
17 출 34:6-7
18 히 11:6
19 느 9:32-33
20 시 5:5-6; 나 1:2-3; 출 34:7
21 요 5:26; 행 7:2; 시 119:68; 딤전 6:15; 롬 9:5
22 행 17:24-25; 욥 22:2-3
23 롬 11:36
24 계 4:11; 딤전 6:15; 단 4:25; 단 4:35

하나님 앞에서는 모든 만물이 드러나며 나타나게 된다.[25]

하나님의 지식은 무한하시고 무오하시며 피조물에 의존함이 없으시다.[26]

그러므로 그분에게는 아무것도 우연하거나 불확실한 것이 없다.[27] 그분은 그분의 모든 계획과 모든 사역과 모든 명령에 있어서 가장 거룩하시다.[28]

하나님은 천사들이나 사람들 그리고 다른 모든 피조물에게서 예배와 섬김과 순종을 받으심이 마땅하며, 그분은 모든 피조물의 경배와 순종을 기뻐하신다.[29]

하나님의 단일한 신격(Godhead) 안에 삼위(three persons)가 계시며, 본질과 권능과 영원성에 있어서 동일하신 성부 하나님, 성자 하나님, 성령 하나님이 존재하신다.[30]

성부는 그 무엇으로부터도 기원하지 않으시고 생겨나지도 않으셨으며, 성자는 성부에게서 영원히 생겨나셨고,[31] 성령은 아버지와 아들로부터 영원히 나오신다.[32]

---

25 히 4:13
26 롬 11:33-34; 시 147:5
27 행 15:18, 겔 11:5
28 시 145:17; 롬 7:12
29 계 5:12-14
30 요일 5:7; 마 3:16-17; 28:19; 고후 13:14
31 요 1:14, 18
32 요 15:26; 갈 4:6

제2장
하나님과 삼위일체
(Of God and of the Holy Trinity)

소요리문답 제4-6문

제4문. 하나님은 어떤 분이십니까? / 제5문. 하나님 한 분 외에 다른 신들이 있습니까? (신 6:4; 고전 8:4)
제6문. 하나님의 신격에는 몇 위(persons)가 있습니까? (고후 13:13)

> 당신이 지금까지 만나고 경험한 하나님은 어떤 분이셨나요?
> 조금 긴 시간을 들여 생각하고 기록해 보세요.

_____

_____

1. 다음의 성경 말씀을 찾아 읽고, 성경이 계시하는 하나님에 대해 알아보세요.

   (1) 신 6:4; 고전 8:4 _____

   (2) 시 145:3; 렘 10:10 _____

   (3) 요 4:24; 약 1:17 _____

   (4) 창 17:1; 계 4:8 _____

   (5) 출 3:14; 엡 1:11 _____

   (6) 출 34:6-7; 요일 4:8 _____

   (7) 시 5:5-6; 히 11:6 _____

2. 하나님께서 사람들 위에, 사람들을 위해, 사람들을 통해 자기 자신의 영광을 드러내시는 이유는 무엇인가요? (2항; 롬 11:29-36; 딤전 6:15)

3. 인간 이성이 하나님을 완전하게 파악할 수 없다는 사실을 먼저 겸손히 인정하면서, 성경이 계시하는 삼위 하나님에 대하여 살펴본 다음에, 나 자신의 말로 요약해 보세요. (3항)

   (1) 성부 하나님의 우선성
       신 6:4; 고전 8:4; 빌 2:5-8
   (2) 성자 하나님
       요 1:1-3, 14-18; 롬 9:5; 요일 5:20
   (3) 성령 하나님
       요 14:16-20; 요 16:7-11; 요일 2:1
   (4) 삼위일체(三位一體) 하나님
       고후 13:13; 갈 4:6

4. 오늘 하나님에 관하여 새롭게 생각하게 된 것이 있다면 무엇인가요?

제3장
하나님의 영원한 작정에 관하여

01

하나님은 영원 전부터 자신이 뜻하신 바 가장 지혜롭고 거룩한 계획에 의하여 장차 될 모든 일을 자유롭게 정하시고 변하지 않게 하셨다.[1] 그렇다고 해서 하나님이 죄의 조성자는 아니시며,[2] 그분은 피조물의 의지를 강압하지도 않으신다.

하나님은 제2원인(피조물)들의 자유나 우연성을 제거하지 않으시고 오히려 확립하셨다.[3]

02

비록 하나님은 모든 조건과 상황 속에서 장차 무슨 일이 일어날는지 다 아시지만,[4] 그가 어떤 일들에 대한 발생을 미리 예견(豫見, foresaw)하셨기 때문에 그 어떤 일들이 일어나도록 작정하신 것은 아니다.[5]

---

1 엡 1:11; 롬 11:33; 히 6:17; 롬 9:15; 롬 9:18
2 약 1:13, 17; 요일 1:5
3 행 2:23; 마 17:12; 행 4:27-28; 요 19:11; 잠 16:33
4 행 15:18; 삼상 23:11-12; 마 11:21, 23
5 롬 9:11, 13, 16, 18

03

하나님의 작정하심에 의해, 그분의 영광을 드러내기 위해 어떤 사람들과 천사들은 영생을 얻도록 예정되었고 다른 자들은 영원한 사망에 이르도록 예정되었다.[6]

04

이렇게 예정된 천사들과 사람들은 불변하도록 계획된 것이며, 그들의 수는 확실하고 확정되었기에 더하거나 뺄 수가 없다.[7]

05

하나님은 세상의 기초가 놓이기 전에 자신의 영원하고 불변하는 목적과 은밀한 계획과 선한 뜻을 따라, 인류 중에서 생명에 이르도록 예정된 사람들이 그리스도 안에서 구원을 얻고 영원한 영광에 이르도록 작정(선택)하셨다.[8] 이는 그분의 값없는 은혜와 사랑에 의한 것으로서, 그들의 믿음이나 선행 혹은 그들 안에 있는 인내를 미리 보고 정하신 것이 아니다.

또한, 피조물들 안에 있는 어떤 것들이 하나님을 감동시켜 그들을 선택하게 만드는 조건이나 원인이 된 것이 아니며,[9] 이 모든 것은 하나님이 다 자기의 영광스러운 은혜를 찬송하게 하려고 행하신 것이다.[10]

---

6 딤전 5:21; 마 25:41; 롬 9:22, 23; 엡 1:5-6; 잠 16:4
7 딤후 2:19; 요 13:18
8 엡 1:4, 9, 11; 롬 8:30; 딤후 1:9; 살전 5:9
9 롬 9:11, 13, 16; 엡 1:4, 9
10 엡 1:6, 12

06

하나님께서 택한 자들을 영광에 이르도록 정하신 것처럼, 그분의 뜻의 영원하고 가장 자유로운 목적에 따라서 그 영광에 이르는 모든 방편을 미리 정하셨다.[11] 그 방편은 바로 택함을 받은 자들이 아담 안에서 타락하였으나 그리스도로 말미암아 구속함을 받으며,[12] 정하신 때에 역사하시는 그분의 성령을 통해 그리스도께 대한 믿음에 이르도록 유효한 부르심을 받는 것이다.

또한, 유효하게 부르심을 받은 그들은 의롭다 함을 받으며, 양자가 되고, 성화되며,[13] 믿음을 통해서 구원에 이르기까지 그의 능력으로 보호받는다.[14] 오직 택함받은 자 외에는 다른 그 누구도 그리스도로 말미암아 구속함을 받거나, 유효한 부르심을 받거나, 의롭다 함을 얻거나, 양자되거나, 성화되거나, 구원받지 못한다.[15]

07

측량할 수 없는 하나님 자신의 의지와 계획에 따라 나머지 인류는 긍휼(은혜)로부터 버려둠을 당한다. 하나님은 자기의 피조물들 위에 주권적 권능의 역사를 행하여 그들의 죄 때문에 버려두실 뿐 아니라 그들이 치욕과 진노를 당하도록 정하셨으니, 이는 그분의 영광스러운 공의를 찬미케 하려는 것이다.[16]

---

11 벧전 1:2; 엡 1:4-5; 엡 2:10; 살후 2:13
12 살전 5:9-10; 딛 2:14
13 롬 8:30; 엡 1:5; 살후 2:13
14 벧전 1:5
15 요 17:9; 롬 8:28, 39; 요 6:64-65; 요 10:26; 요 8:47; 요일 2:19
16 마 11:25-26; 롬 9:17, 18, 21-22; 딤후 2:19-20; 유다 4; 벧전 2:8

지극히 신비한 이 예정 교리는 특별히 신중하고 조심성 있게 다루어져야 한다.[17] 이는 사람들로 하여금 성경 말씀 속에 계시된 하나님의 뜻에 유의하게 하고, 거기에 순종하여 그들이 받은 유효한 부르심과 영원한 선택에 대하여 확신을 가지도록 하기 위함이다.[18]

그리하면 이 교리는 복음을 신실하게 순종하는 모든 자로 하여금 찬양과 경외와 높임을 하나님께 드릴 수 있게 할 것이고,[19] 신자에게 겸손과 근면함과 풍성한 위로를 안겨다 줄 것이다.[20]

---

17 롬 9:20; 롬 11:33; 신 29:29
18 벧후 1:10
19 엡 1:6; 롬 11:33
20 롬 11:5-6; 20; 벧후 1:10; 롬 8:33; 눅 10:20

제3장
하나님의 영원한 작정
(Of God's Eternal Decree)

소요리문답 제7-8문답

제7문. 하나님의 예정(작정)이란 무엇입니까? (엡 1:3-14; 시 139:16; 딤전 2:4)
　　답. 예정은 인간 구원에 관한, 당신의 영광을 드러내신 하나님의 영원한 목적.
제8문. 하나님께서는 이 예정을 어떻게 실행하십니까? (롬 9:10-18; 잠 16:4; 롬 8:28-30)
　　답. 하나님은 창조와 섭리로써 자신의 예정(작정, 칙령)을 실행.

> 당신이 이해하는 '예정'이란 어떤 의미인가요? 이 말을 이해하는 데 있어서 당신이 갖고 있는 어려움은 무엇인지 생각해 보고 메모해 보세요.

―――――――――――――――――――――――――――――――
―――――――――――――――――――――――――――――――

1. 그렇다면, 성경이 말씀하는 '예정'이란 어떤 의미인가요? 1-4항을 꼼꼼하게 읽고 요약/정리해 보세요.

   (1) 1항　――――――――――――――――――――――――――

   (2) 2항　――――――――――――――――――――――――――

   (3) 3항　――――――――――――――――――――――――――

   (4) 4항　――――――――――――――――――――――――――

2. 하나님의 '구원 예정'을 설명하는 5-6항과 함께, 엡 1:3-14을 읽고서 다음 물음에 답해 보세요.

   (1) 예정의 내용과 목적은?(3-6절)
   믿음의 결과와 신자의 존재 목적

   (2) 구원 예정의 방법은?(7-14절)
   그리스도의 중보와 성령의 사역

3. 하나님의 '유기(불신 상태에서 형벌받도록 내버려두심) 예정'과 선하신 하나님의 '사랑'은 어떻게 조화될 수 있나요? 7항과 해당 성경 말씀을 읽고 대답해 보세요.

   (1) 유기 예정의 의미와 내용
   잠 16:4; 롬 9:14-24

   (2) 유기될 죄인에 대한 하나님의 마음
   딤전 2:4; 롬 3:21-28; 요 3:16

4. 예정 교리에 대한 우리의 마음가짐은 어떠해야 할까요? (8항, 고후 13:5)

제4장
창조에 관하여

01

성부, 성자, 성령 하나님께서는[1] 태초에 그의 영원하신 능력과 지혜와 선하심의 영광을 나타내시기 위하여[2] 세상을 창조하시되, 무(無)로부터 만드시고, 그 안에 있는 모든 보이는 것들과 보이지 않는 것들을 6일 동안에 만들기를 기뻐하셨으니, 그 모든 것이 다 좋았다.[3]

02

하나님께서 다른 모든 피조물을 만드시고 그 후에 사람을 남자와 여자로 창조하시되, 이성적이고 불멸의 영을 가진 자로 만드셨다.[4]

그분은 자신의 형상을 따라 사람에게 지식과 의와 참된 거룩을 부여하셨으며,[5] 또한 그들 마음에 자신의 율법을 기록하셨고,[6] 그 율법을 성취할 수 있는 능력도 주셨다.[7]

---

1 창 1:2; 욥 26:13; 33:4; 요 1:2-3; 히 1:2
2 롬 1:20; 렘 10:12; 시 104:24; 시 33:5-6
3 창 1장; 히 11:3; 골 1:16; 행 17:24
4 창 1:27; 창 2:7; 전 12:7; 눅 23:43; 마 10:28
5 창 1:26; 골 3:10; 엡 4:24
6 롬 2:14-15
7 전 7:29

그러나 사람은 변질할 수 있는 그 자신의 의지의 자유 가운데 범죄할 가능성 아래 있었다.[8]

사람은 그의 마음에 새겨진 이 율법 외에 선악을 알게 하는 나무의 열매를 따먹지 말라는 명령을 받았고,[9] 그 계명을 지키는 동안에는 하나님과 교통하며 행복하게 피조물을 다스렸다.[10]

---

8 창 3:6; 전 7:29
9 창 2:17; 창 3:8-11, 23
10 창 1:26, 28; 시 8:6-8

제4장
창조
(Of Creation)

소요리문답 제9-10문

제9문. 창조의 일(The Work of Creation)이 무엇입니까? (창 1-2장; 히 1:1-3; 11:3)
제10문. 하나님은 사람을 어떻게 창조하셨습니까?

> 창세기 1-2장이 증거하는 우주 만물에 대한 하나님의 창조 행위를 많은 사람들이 역사적/과학적 사실이라고 생각하지 않게 된 이유는 무엇일까요?

_____

_____

1. 성경은 "창세로부터 (   )(   )(   )의 보이지 아니하는 것들, 곧 그의 영원하신 능력과 신성이 그가 만드신 (   )(   )에 분명히 보여 알려졌나니"(롬 1:20). 이렇게 말씀하고 있습니다. 당신이 자연과 사람들 안에서 하나님의 '영광'(얼굴)을 보거나 느끼는 부분이 있다면, 그것은 무엇인가요?

_____

_____

_____

2. 그렇다면 이때, 히브리서 11장 3절은 당신에게 어떤 의미로 전달되고 있나요? 성경 말씀을 찾아서 읽고, 나 자신의 말로 다시 적어 보세요.

   믿음으로 모든 세계가 하나님의 말씀으로 지어진 줄을 우리가 아나니, '보이는 것'(what is seen)은 '나타난 것'(what is visible)으로 말미암아 된 것이 아니니라.

3. 신앙고백서 제4장 1항을 다시 읽어 봅시다.
   하나님께서 우주 만물과 사람을 창조하신 목적에 대해 무엇이라 말하고 있나요?

4. 삼위일체 하나님의 인간 창조에 관하여(2항), 당신에게 가장 특별하게 와닿는 내용은 무엇인가요? 하나님께서 에덴동산의 아담과 하와에게 '선악을 알게 하는 나무 열매'를 먹지 말라고 금지 계명을 주신 이유(목적)는 무엇이라고 생각하나요? (창 2:15-17; 3:1-19)

제5장
섭리에 관하여

01

위대한 만물의 창조주이신 하나님은 자신의 가장 지혜롭고 거룩한 섭리에 의해, 오류가 없는 예지(豫知)와 자유롭고 불변하는 자기 의지와 계획에 따라, 가장 큰 것에서부터 가장 작은 것에 이르기까지 모든 피조물과 그것들의 활동을 유지하고 지시하며 통치하신다.[1]

그렇게 함으로써 하나님은 자신의 지혜와 권능과 공의와 선함과 자비의 영광을 찬미케 하신다.[2]

02

제1원인 되시는 하나님의 예지와 작정에 따라 모든 일이 변함이나 틀림이 없이 성취되고 발생한다.[3]

하지만, 동일한 섭리에 의하여 하나님은 제2원인(피조물)의 속성을 따라 그 모든 일이 필연적으로 자유롭게 또는 우연적으로 일어나도록 정하셨다.[4]

---

1 히 1:3; 단 4:34-35; 시 135:6; 행 17:25-26, 28; 욥 38-41장; 마 10:29-31; 행 15:18; 시 94:8-11
2 사 63:14; 엡 3:10; 롬 9:17; 창 45:7; 시 145:7
3 행 2:23
4 창 8:22; 렘 31:35; 출 21:13; 신 19:5; 왕상 22:28, 34; 사 10:6-7

03

하나님은 일반적으로 자신의 섭리하심에 있어서 여러 수단들을 사용하신다. 그러나 그 수단들 없이도 초월적으로, 때로는 그 수단들에 역행하여 자신의 뜻대로 자유롭게 일하신다.[5]

04

하나님의 전능하신 능력과 측량할 수 없는 지혜와 무한한 선하심이 그분의 섭리에 잘 나타나 있다. 그 섭리는 심지어 아담의 첫 타락과 천사들과 사람들의 모든 죄까지도 포함한다.[6]

그러나 하나님은 그러한 죄를 단순히 허용하시는 것이 아니다.[7] 하나님은 때때로 죄를 허락하시되, 역사 속에서 지혜롭고 강력하게 통치하시며[8] 명령하시고 주관하시어 그분 자신의 거룩한 뜻을 이루어 가신다.[9]

죄악성은 오직 피조물로부터 나오는 것이며, 하나님께로부터 나오는 것이 아니다. 하나님은 가장 거룩하시고 의로우신 분이기에 죄의 조성자이거나 승인자가 되실 수 없다.[10]

---

5 행 27:31, 34; 사 55:10–11; 호 2:21–22; 호 1:7; 마 4:4; 욥 34:10; 롬 4:19–21; 왕하 6:6; 단 3:27
6 롬 11:32–34; 삼하 24:1; 왕상 22:22–23; 대상 10:4, 13–14; 삼하 16:10; 행 2:23; 4:27–28
7 행 14:16
8 시 76:10; 왕하 19:28; 창 50:20
9 창 1:20; 사 10:6–7, 12
10 약 1:13–14, 17; 요일 2:16; 시 50:21

05

가장 지혜로우시고 의로우시며 은혜로우신 하나님께서는 때때로 자기 자녀들을 많은 시험과 마음의 부패 가운데 잠시 동안 버려두신다.

그것은 그들이 전에 지은 죄를 징계하시기 위함이거나, 부패성의 숨어 있는 잠재력과 심령의 기만성을 발견하여 겸손한 자가 되도록 하시기 위함이다.[11]

또한, 그들을 보존하여 하나님 자신에게로 더 가까이 이끄시고 지속적으로 자신을 의존하여 살게 하려 함이다.

나아가, 장차 있을 모든 범죄의 유혹에 대항하며 여러 가지 의롭고 거룩한 목적을 위하여 깨어 있도록 하시기 위함이다.[12]

06

의로운 재판장이신 하나님께서는 죄악으로 눈 멀고 마음이 강퍅하게 된 사악하고 불경건한 자들에 대해서[13] 깨달아 눈이 밝아지는 은혜를 허락하지 않기도 하신다.[14]

뿐만 아니라, 때로는 그들이 가진 은사들조차 거두어 들이셔서[15] 그들의 부패함이 범하게 되는 죄악에 노출되게 하신다.[16]

---

11 대하 32:25-26, 31; 삼하 24:1
12 고후 12:7-9; 시 73:1-28; 시 77:1, 10, 12; 막 14:66-72; 요 21:15-17
13 롬 1:24, 26, 28; 롬 11:7-8
14 신 29:4
15 마 13:12; 마 25:29
16 신 2:30; 왕하 8:12-13

더욱이, 그들을 정욕과 세상의 유혹들과 사탄의 권세에 내버려두기도
하시는데,[17] 그로 인해 그들은 하나님께서 다른 이들의 마음을 부드럽게
하기 위하여 사용하시는 방편들을 가지고도 오히려 자신을 강퍅하게
하기도 한다.[18]

하나님의 섭리가 일반적으로 모든 피조물에게 미치는 것처럼,
하나님께서는 가장 특별한 방식으로 교회를 돌보시며, 모든 일을
교회에 유익하도록 처리하신다.[19]

---

17 시 81:11-12; 살후 2:10-12
18 출 7:3; 출 8:15, 32; 고후 2:15-16; 사 8:14; 벧전 2:7-8; 사 6:9-10; 행 28:26-27
19 딤전 4:10; 암 9:8-9; 롬 8:28; 사 43:3-5, 14

제5장

섭리

(Of Providence)

> **소요리문답 제11-12문답**
>
> 제11문. 하나님의 섭리하시는 일들(The Works of Providence)은 무엇인가요?
>   답. 피조물을 보존하고 다스리심.
> 제12문. 사람이 창조된 그 상태에 있을 때 하나님은 사람에 대해 어떤 특별한 섭리를 행하셨나요?
>   답. 순종을 조건으로 생명의 언약을 세우시고, 선악과 먹는 것을 금하심.

당신이 예수를 믿고 신앙생활 해오면서, 인간 역사의 통치자이신 하나님께서 당신을 창조하여 세상에 보내신 이유를 생각해 본 적 있나요? 그 이유(동기)가 무엇이라고 생각하나요?

----

1. 섭리란 -맹목적인 운명론과는 배치되는 의미로서- 지혜와 사랑으로 우주 만물과 인류 역사의 모든 일을 돌보고 이끄시는 하나님의 '통치'를 뜻합니다. 선하신 하나님의 섭리(통치)와 자유의지를 가진 인간의 범죄는 서로 어떤 관계를 가지는지 1-4항과 관련 성경 말씀을 읽고 생각해 보세요.

    시 103:19; 막 10:29-31; 잠 15:3; 롬 11:31-36; 왕상 22:1-40; 약 1:13-17

----

2. 열왕기상 22장(1-40절) 이야기가 던져 주는 특별한 교훈이 있다면, 그것은 무엇인가요?
"의로우신 하나님은 누구를 시험하거나 죄를 짓게 하지 않으신다"는 4항의 진술과
어떻게 연결될 수 있을까요?

엡 2:1-3; 약 1:13-14

3. 우리 하나님께서 자기 자녀 된 그리스도인의 삶에 실패를 허용하거나 일정 기간 동안
죄에 버려두시는 이유는 무엇인가요? (5항)
이런 상황 속에 있는 누군가에게 당신은 어떻게 조언하는 게 좋을까요?

4. 반면, 하나님께서 어떤 이들의 죄에 대해서는 버려두셨다고 말합니다(6항). 이런 상황
속에 있는 사람들에게 우리 믿는 사람들은 어떻게 다가가야 할까요?(7항)

롬 1:18-31; 시 81:11-12; 딤전 4:6-11; 롬 8:28

제6장
인간의 타락과 죄 및 형벌에 관하여

01

우리의 첫 시조는 사탄의 간계와 시험에 의해 유혹을 받아 금지된 열매를 먹는 죄를 범하였다.[1]

하나님은 이러한 그들의 죄를 그의 지혜롭고 거룩한 계획을 따라 허용하시기를 기뻐하셨는데, 이는 그렇게 함으로써 자신의 영광을 드러내기로 목적하셨기 때문이다.[2]

02

이 죄 때문에 그들은 본래의 의를 잃고 하나님과의 교제로부터 끊어지게 되었다.[3]

그리하여 죄 가운데 죽은 자가 되었고,[4] 영혼과 몸의 모든 기능들과 기관들이 전적으로 더럽혀졌다.[5]

---

1 창 3:13; 고후 11:3
2 롬 5:19-21; 롬 11:32
3 창 3:6-8; 전 7:29; 롬 3:23
4 창 2:17; 엡 2:1
5 딛 1:15; 창 6:5; 렘 17:9; 롬 3:10-18

03

그들은 전 인류의 시조이기 때문에 이 죄의 죄책은 모든 후손들에게 전가(轉嫁)되었다.[6]

또한 그로 인하여 동일한 사망과 부패한 본성이 통상적인 출생법에 의하여 시조로부터 그들의 모든 후손에게 전달되었다.[7]

04

이러한 원(original) 부패로 말미암아 우리는 선을 행하고자 하는 마음을 전혀 가질 수 없고, 선을 행할 수도 없으며, 모든 선을 대항하여 전적으로 모든 악에 기울어져 있어서 모든 죄를 실제로 범하게 된다.[8]

05

이러한 본성의 부패는 이 세상에 사는 동안 중생한 신자들 안에도 남아 있다.[9]

비록 그것이 그리스도를 통하여 사함을 받고 억제되고 있다 할지라도, 본성 그 자체와 본성에서 비롯된 모든 행동은 참으로 그리고 마땅히 죄이다.[10]

---

6 창 1:27-28; 창 2:16-17; 행 17:26; 롬 5:12, 15-19; 고전 15:21-22, 49
7 시 51:5; 창 5:3; 욥 14:4; 15:14
8 롬 3:10-12; 롬 5:6; 롬 7:18; 롬 8:7; 골 1:21; 창 6:5; 창 8:21; 약 1:14-15; 엡 2:2-3; 마 15:19
9 요일 1:8, 10; 롬 7:14, 17-18, 23; 약 3:2; 잠 20:9; 전 7:20
10 롬 7:5, 7-8, 25; 갈 5:17

06

원죄와 본죄(actual sins) 등 모든 죄는 하나님의 의로운 율법의 위반이며 그 율법에 반대되는 것으로서, 그 자체의 성격상 죄인들에게 죄책(罪責)을 가져다준다.

그렇기 때문에, 그러한 죄들로 인해 사람은 하나님의 진노와 율법의 저주에 얽매이게 된다.[11]

따라서 영적으로, 현세적으로, 영원히 모든 비참함과 죽음을 당하게 된다.[12]

---

11 요일 3:4; 롬 2:15; 롬 3:9, 19; 엡 2:3; 갈 3:10
12 롬 6:23; 롬 8:20; 엡 4:18; 애 3:39; 마 25:41; 살후 1:9

제6장
인간의 타락, 범죄, 형벌
(Of the Fall of the Man, of Sin, and of the Punishment Thereof)

소요리문답 제13-19문

제13문. 우리의 처음 시조가 창조 때 타고난 신분을 계속 유지했습니까? / 제14문. 죄가 무엇입니까?
제15문. 우리의 처음 시조가 타고난 신분에서 타락한 원인이 되는 죄가 무엇입니까?
제16문. 모든 인류가 아담의 처음 범죄 때 함께 타락했습니까? / 제17문. 그 타락은 인류를 어떤 상태에 빠뜨렸습니까?
제18문. 타락한 사람이 가진 죄성은 무엇입니까? / 제19문. 타락한 사람의 비참함은 무엇입니까?

> 당신은 평소 신자로서 '인간의 죄와 타락, 그로 인한 죽음과 지옥 형벌'에 대한 기독교 교리에 대해 어떻게 확신하고 있나요? 혹은 어떤 이유로 인해 부담과 회의감을 갖고 있진 않나요? 당신의 생각을 정리해 보세요.

_____

_____

1. '죄'는 하나님께 대한 (   )(   )(   )으로서, "하나님의 (   )을 순종함에 있어서 부족하거나, 거역하여 위반하는 것"(소요리문답 제14문답)이라고 정의합니다. 아담 이후로, 이러한 죄의 결과는 모든 인류의 (   )(   ), 즉 하나님과의 관계가 (   )(   )되고 육체의 (   )(   )과 영원한 (   )(   )으로 나타나게 되었습니다(1-6항).

   창 3:1-21; 롬 1:18-31; 롬 3:9-20; 롬 6:23

2. 당신은 현재 우리 사회의 깊이 빠져 있는 '죄'(불순종의 행위)가 무엇이라고 생각하나요? 그리고, 이러한 죄를 교회와 그리스도인들이 극복하는 길은 무엇이라 생각하나요?

나름의 해결책을 제안해 보기 바랍니다.

(1) 현대 사회의 죄

(2) 해결책

3. 부패한 죄성은 신자가 회심한 이후에도 여전히 남아 있다고 말합니다(5항). 하나님께서는 이러한 우리의 죄성과 부패한 본성에서 나오는 죄의 문제를 어떻게 하신다고 말하고 있나요? 아래의 성경 말씀을 꼼꼼하게 읽은 다음, 나 자신의 말로 대답해 보세요.

요일 1:5-2:2; 롬 6:1-14

4. 성경은 우리 주 예수 안에서 "죄가 더한 곳에 은혜가 더욱 넘쳤다"(롬 5:19-21)고 선언합니다. 당신이 개인적으로 '십계명'(하나님 사랑과 이웃 사랑)을 더 잘 순종하고 실천할 수 있도록 '주간(7일) 전략'을 세워 보세요.

제7장
사람과 맺은 하나님의 언약에 관하여

01

하나님과 피조물 사이의 거리는 너무나 멀어져 있어서, 이성적인 피조물이 마땅히 그들의 창조주 하나님께 순종해야 함에도 불구하고 그들은 (자발적으로) 그렇게 할 수 있는 축복이나 상급을 하나님에게서 얻을 수 없었다.

이러한 복은 오직 하나님 편에서 자발적으로 베푸시는 은혜로만 임하는 것이었는데, 이제 그것을 하나님은 언약의 방식으로 나타내시기를 기뻐하셨다.[1]

02

사람과 맺은 첫 번째 언약은 행위 언약이었다.[2]

이 언약 안에서 완전하고 개인적인 순종을 조건으로[3] 아담과 그의 후손에게 생명이 약속되었다.[4]

---

1 사 40:13-17; 욥 9:32, 33; 삼상 2:25; 시 113:5-6; 100:2-3; 욥 22:2-3; 욥 35:7-8; 눅 17:10; 행 17:24, 25
2 갈 3:12
3 창 2:17; 갈 3:10
4 롬 10:5; 롬 5:12-20

03

인간이 타락하여 행위 언약으로는 생명을 얻을 수 없게 되었기 때문에 주님께서는 두 번째 언약 맺으시기를 기뻐하셨는데,[5] 이 언약을 일반적으로 '은혜 언약'이라고 부른다.

이 언약에 의해, 하나님은 죄인들에게 예수 그리스도를 통하여 생명과 구원을 값없이 베푸셨으며, 그 구원을 얻도록 하기 위하여 죄인들에게 그리스도를 믿는 신앙을 요구하셨다.[6]

이때 하나님께서는 구원을 얻기로 작정된 모든 이에게 성령을 주시기로 약속하시고, 그리하여 그들이 기꺼이 믿을 수 있게 하셨다.[7]

04

이 은혜 언약은 성경에서 유언(언약)이라는 이름으로 자주 언급되고 있다. 특히 유언자(Testator)이신 예수 그리스도의 죽음과 영원한 기업, 그리고 거기에 포함되어 있는 모든 것과 관련하여 그 언약이 진술된다.[8]

05

이 언약은 율법 시대와 복음 시대에 각기 다르게 집행되었다. 율법하에서 이 언약은 약속들과 예언들, 희생 제사, 할례, 유월절 양 그리고 유대인들에게 전달된 다른 예식들에 의해서 집행되었다.

---

5 갈 3:21; 롬 8:3; 롬 3:20-21; 창 3:15; 사 42:6
6 막 16:15-16; 요 3:16; 롬 10:6, 9; 갈 3:11
7 겔 36:26-27; 요 6:44-45
8 히 9:15-17; 히 7:22; 눅 22:20; 고전 11:25

이 모든 것은 장차 오실 그리스도를 예표한 것으로서, 그 당시에는 성령의 역사하심을 통해 약속된 메시아를 믿는 택함받은 구약 성도들이 교훈을 받고 세움을 입는 일에 충분히 효과적이었다.

이 메시아를 통해 그들은 완전한 죄 사함과 영원한 구원을 얻게 되었는데, 이것을 구약이라고 부른다.[9]

06

복음 시대에 이르러 그 복음의 실체이신 그리스도께서 오셨으므로, 이 은혜 언약은 말씀 선포와 세례와 성찬으로 집행되고 있다.[10]

비록 이 규례들의 수가 적고 단조로우며 외적으로 화려함도 없이 거행된다 할지라도, 더 충만하고 확실한 증거와 영적 효력이 모든 나라 곧 유대인과 이방인들에게 나타나는데,[11] 이를 신약이라고 부른다.

그러므로 본질적으로 다른 두 종류의 은혜 언약이 있는 것이 아니라, 여러 세대에 걸쳐 집행되어 온 단 하나의 동일한 은혜 언약이 있을 뿐이다.[12]

---

9 고후 3:6-9; 히 8-10장; 롬 4:11; 골 2:11-12; 고전 5:7; 고전 10:1-4; 히 11:13; 요 8:56; 갈 3:7-9, 14
10 골 2:7; 마 28:19-20; 고전 11:23-25
11 히 12:22-27; 렘 31:33-34; 마 28:19; 엡 2:15-19
12 갈 3:14, 16; 행 15:11; 롬 3:21-23, 30; 시 32:1; 롬 4:3, 6, 16-17, 23-24

제7장
사람과 맺은 하나님의 언약
(Of God's Covenant with Man)

> **소요리문답 제20문답**
>
> 제20문. 하나님께서는 모든 인류가 죄와 비참의 상태에서 멸망하도록 버려두셨습니까?
> 답. 아닙니다. 하나님께서는 어떤 이들을 영생 얻도록 택하셔서 그들과 '은혜 언약'을 맺으심으로써 한 구속자 (Redeemer)에 의하여 택자들(신자들)을 구원하십니다.

골고다 언덕을 오르시기 전날, 제자들과의 마지막 만찬 자리에서 주님은 자신의 죽음으로써 '새 언약'을 세울 것이라고 밝히셨습니다(눅 22:20, "저녁 먹은 후에 잔도 그와 같이 하여 이르시되, 이 잔은 내 피로 세우는 새 언약이니, 곧 너희를 위하여 붓는 것이라").
이 '언약'의 내용을 나 자신의 말로 적어 보세요.

_____

_____

_____

1. 1항은 창조주 하나님께서 자신의 뜻을 따라서 인간과 언약을 맺었다고 말합니다. 그렇다면 당신은, 하나님께서 아담과 '행위 언약'(창 2:15-17)을 맺으신 이유가 무엇이었다고 생각하나요? (2항)

_____

_____

2. 3항은 "인간의 타락 때문에 하나님은 사람과 '은혜 언약'을 맺었다"고 진술합니다. 성경은 이 언약에서 그리스도의 역할이 무엇이라고 말하고 있나요?

눅 22:20; 히 7:22; 히 8:6; 히 9:15; 히 12:24

3. 5-6항은 이러한 은혜 언약이 "구약과 신약 시대에 다르게 집행되었다"고 진술합니다. 다음 성경 말씀을 살펴보고 그 내용을 간단히 기록해 보세요.

(1) 아담 시대
창 3:21

(2) 아브라함 언약
창 12:1-3; 창 15:7; 갈 3:1-9

(3) 새 언약
눅 22:20; 히 7:14-28

4. 하나님께서 아브라함의 후손인 이스라엘에게 모세를 통해 율법(십계명)을 주셨던 것처럼, '새 언약'의 중보자 예수님은 믿는 제자들에게 '새 계명'을 주셨습니다(요 13:34-35). 은혜 언약의 백성으로서 당신이 '새 계명'을 실천하기 위해 평상시 어떤 '생활 습관'을 가지면 좋을지 생각해 보세요.

예) 신호등 지키기 / 눈 마주칠 때 먼저 인사하기 / 범사에 양보하기

제8장
중보자 그리스도에 관하여 (상)

01

하나님께서는 자신의 영원하신 목적에 따라 자신의 독생자이신 주 예수를 택하여 하나님과 사람 사이의 중보자가 되게 하심과,[1] 또한 그의 선지자, 제사장, 왕 되심과 교회의 머리와 구주가 되게 하심을 기뻐하셨다.[2]

하나님은 자신의 독생자로 하여금 만유의 후사와[3] 세상의 심판자가 되게 하심을 기뻐하시고,[4] 그에게 창세전부터 한 백성을 주어 그의 '씨'가 되게 하셨다.[5] 그리고 그를 통하여 기약한 때에 그 백성이 구속함을 받아 부르심을 받고 의롭다 함을 받으며, 성결케 하심을 받아 영화롭게 되도록 하셨다.[6]

02

삼위 중에서 제2위이신 하나님의 아들은 참되시고 영원하신 하나님이시다. 그분은 성부와 한 본체이시며 동등하신 분으로서, 때가 차매 인간의 본성을 취하셨다. 그분은 인간 본연의 성질들과 그로 인한 나약함을 함께 취하셨으나 죄는 없으시다.[7] 이러한 성자께서는 성령의 능력으로

---

1 사 42:1; 벧전 1:19–20; 요 3:16; 딤전 2:5
2 행 3:22; 히 5:5–6; 시 2:6; 눅 1:33; 엡 5:23
3 히 1:2
4 행 17:31
5 요 17:6; 시 22:30; 사 53:10
6 딤전 2:6; 사 55:4–5; 고전 1:30; 롬 8:30
7 요 1:1, 14; 요일 5:20; 빌 2:6; 갈 4:4; 히 2:14, 16–17; 히 4:15

동정녀 마리아의 몸에 잉태되시고 그녀의 본체로부터 태어나셨다.[8]

그리하여 두 개의 완전하고 구별된 본성, 즉 신성과 인성이 한 인격 안에서 분리될 수 없는 것으로 결합되어 있으나 전환이나 혼합이나 혼동됨이 없다.[9] 그 인격은 참 하나님이시요 참 사람이시고, 한 분 그리스도로서 하나님과 사람 사이의 유일한 중보자이시다.[10]

03

신성과 결합된 인성을 취하신 주 예수는 성령으로 성결하게 되어 한량없이 기름 부음을 받으셨으니,[11] 성자는 지혜와 지식의 모든 보화를 가지고 있으시다.[12] 성부께서는 성자 안에 모든 충만함이 거하게 하시기를 기뻐하셨으니,[13] 이는 그가 거룩하고 악과 더러움이 없이 은혜와 진리로 충만하여[14] 중보자와 보증자로서의 직임을 수행하기에 부족함이 없게 하시기 위함이었다.[15] 또한, 그 직임은 성자께서 스스로 취하신 것이 아니라 그의 아버지의 부르심에 의해서 된 것이다.[16] 성부 하나님은 모든 권세와 심판을 그 아들의 손에 맡기시고 그것을 수행하도록 명령하셨다.[17]

※ 제8장 4-8항은 뒷면에 이어집니다.

---

8 눅 1:27, 31, 35; 갈 4:4
9 눅 1:35; 골 2:9; 롬 9:5; 벧전 3:18; 딤전 3:16
10 롬 1:3-4; 딤전 2:5
11 시 45:7; 요 3:34
12 골 2:3
13 골 1:19
14 히 7:26; 요 1:14
15 행 10:38; 히 12:24; 히 7:22
16 히 5:4-5
17 요 5:22, 27; 마 28:18; 행 2:36

제8장
중보자 그리스도 [상]
(Of Christ, the Mediator)

소요리문답 제21-26문

제21문. 하나님께서 선택하신 자들의 구속자는 누구입니까?
제22문. 하나님의 아들 그리스도께서는 어떻게 사람이 되셨습니까?
제23문. 그리스도께서 우리의 구속자로서 행하시는 직분(삼중직)은 무엇입니까? (선지자, 제사장, 왕의 직분, 24-26문)

> 당신에게 예수님은 어떤 분이신가요? 지난 삶의 여정을 돌아보면서 당신의 내면의 목소리가 고백하는 주님에 대해 이야기해 보세요.

1. 성경은 예수님을 어떤 분이라고 증언하고 있나요? (1항)

   (1) 딤전 2:5; 히 9:15

   (2) 요 1:1-3; 행 3:22

   (3) 히 3:1; 히 4:15; 히 5:5-10

   (4) 시 2:6; 엡 1:22; 엡 5:23

   (5) 요 5:25-27; 행 17:31

2. 또한 1항에 따르면, 이 예수 그리스도를 통해 하나님께서는 친히 택하신 사람을 위하여 어떤 일을 하셨나요? 로마서 8장 28-32절을 읽고 답해 보세요.

3. 로마서 8장 28절에 의하면 하나님께서는 – 믿음을 통해 하나님의 자녀 된 – 우리가 하나님의 형상을 본받도록 우리 주 예수 그리스도(선지자/제사장/왕)를 '맏아들'로 삼으셨다고 말합니다. 아래의 말씀을 통해 당신의 존재와 인생의 의미는 무엇인지 나 자신의 말로 정리해 보세요.

> 그러나 너희는 택하신 족속이요 왕 같은 제사장들이요 거룩한 나라요 그의 소유가 된 백성이니, 이는 너희를 어두운 데서 불러내어 그의 기이한 빛에 들어가게 하신 이의 아름다운 덕을 선포하게 하려 하심이라. 너희가 전에는 백성이 아니더니 이제는 하나님의 백성이요, 전에는 긍휼을 얻지 못하였더니 이제는 긍휼을 얻은 자니라(벧전 2:9-10)

4. 하나님의 말씀 앞에서 정리된 당신의 정체성과 삶의 목적이 지금 현재 당신 자신의 인식이나 가치관과 실제적 괴리가 있다면, 그 간격을 좁힐 수 있는 길은 무엇이라고 생각하나요?

제8장
중보자 그리스도에 관하여 (하)

04

주 예수는 이 직분을 아주 기꺼이 맡으셨으니,[1] 이 직분을 수행하시기 위하여 그분은 율법 아래 태어나시고[2] 율법을 완전하게 성취하셨다.[3]

그 자신의 영혼으로 가장 극심한 괴로움을 모두 견디시고,[4] 자신의 몸으로 가장 고통스러운 아픔을 참으사[5] 십자가에 못 박혀 죽으셨다.[6] 그리고 장사되어 사망의 권세 아래 계셨으나 썩음을 당하지는 않으셨다.[7]

그분은 자신이 고난당한 그 동일한 몸으로 삼일 만에 죽은 자 가운데서 다시 살아나시고,[8] 그 동일한 몸으로 하늘에 오르셨다. 거기에서 자기 아버지의 보좌 우편에 앉으시고,[9] 간구하시며,[10] 세상 끝 날에 사람들과 천사들을 심판하기 위하여 다시 오실 것이다.[11]

---

1 시 40:7-8; 히 10:5, 10; 요 10:18; 빌 2:8
2 갈 4:4
3 마 3:15; 마 5:17
4 마 26:37-38; 눅 22:44; 마 27:46
5 마 26-27장
6 빌 2:8
7 행 2:23-24, 27; 행 13:37; 롬 6:9
8 고전 15:3-4
9 마 16:19
10 롬 8:34; 히 9:24; 히 7:25
11 롬 14:9-10; 행 1:11; 행 10:42; 마 13:40-42; 유 6; 벧후 2:4

05

주 예수는 완전한 순종으로 영원하신 성령을 통하여 단번에 자신을 하나님께 희생 제물로 드림으로써 그의 아버지의 공의를 충분히 만족시키셨다.[12]

또한, 그분은 성부께서 자기에게 주신 모든 사람을 위해 화목뿐만 아니라 하늘나라에서 얻을 영원한 기업을 값 주고 사셨다.[13]

06

비록 그리스도께서 성육신하시기까지는 그분에 의한 구속 사역이 실제적으로 수행되지 않았다 하더라도, 그것의 공덕과 효력, 그리고 그 유익들은 세상의 시초로부터 모든 시대에 걸쳐 그리스도가 계시되어진 약속들과 예표들과 희생 제사를 통하여 택자들에게 계속해서 전달되었다.

이러한 방편들을 통해서, 어제나 오늘이나 영원토록 동일하신 그리스도는 사탄의 머리를 상할 여자의 후손이요 세상의 시초부터 죽임을 당한 어린 양으로 계시되었다.[14]

---

12 롬 5:19; 히 9:14, 16; 히 10:14; 엡 5:2; 롬 3:25-26
13 단 9:24, 26; 골 1:19-20; 엡 1:11, 14; 요 17:2; 히 9:12, 15
14 갈 4:4-5; 창 3:15; 계 13:8; 히 13:8

07

그리스도께서는 중보 사역을 하심에 있어서 두 본성 곧 신성과 인성에 따라 행하시되, 각각의 본성은 그 본성 자체에 속한 고유한 것을 행하신다.[15]

그러나 그럼에도 불구하고, 그 인격의 통일성으로 인하여 한 본성에 속해 있는 것이 성경에서 때로는 다른 본성으로 불리는 그 인격인 것으로 여겨지기도 한다.[16]

08

그리스도께서는 값을 치루고 속량하신 모든 사람에게 그 구속을 확실하고도 효력 있게 적용하시고 전달하신다.[17] 그분은 그들을 위해서 중보하시며,[18] 그들에게 말씀 안에서 말씀을 통해 구원의 신비를 계시하신다.[19]

또한 그들을 자신의 성령을 통하여 효과적으로 설득하여 믿게 하시고, 순종하게 하시며, 그들의 심령을 그의 말씀과 성령으로 다스리신다.[20]

주께서는 자신의 전능한 능력과 지혜로써 자신이 속량한 신자들의 원수들을 물리치시되, 자신의 기이하고 측량할 수 없는 섭리에 가장 부합하는 방식으로 그렇게 하신다.[21]

---

15 히 9:14; 벧전 3:18
16 행 20:28; 요 3:13; 요일 3:16
17 요 6:37, 39; 요 10:15-16
18 요일 2:1-2; 롬 8:34
19 요 15:13, 15; 엡 1:7-9; 요 17:6
20 요 14:16; 히 12:2; 고후 4:13; 롬 8:9, 14; 롬 15:18-19; 요 17:17
21 시 110:1; 고전 15:25-26; 말 4:2-3; 골 2:15

제8장
중보자이신 그리스도 [하]
(Of Christ the Mediator)

소요리문답 제27-28문

제27문. 그리스도의 낮아지심이란 무엇을 말합니까?
제28문. 그리스도의 높아지심이란 무엇을 말합니까?
Q. '선지자, 제사장, 왕'으로서의 직분을 주님께서 수행하시기 위해 그분이 반드시 낮아지시고(세상에 오심) 높아져야만(하늘에 다시 오르심) 했던 이유는 무엇인가? [※ 대요리문답 38-40문]
A. 중보자는 반드시 하나님이셔야 하고. 또한 중보자는 반드시 사람이셔야 하며, 뿐만 아니라 중보자는 반드시 하나님이심과 동시에 사람이셔야 하기 때문이다.

> 태초 전부터 계신 성자 하나님께서 어린 아기로 태어나 사람으로서 세상에 오셨다는 것과 육체적 죽음으로부터 다시 부활하여 하늘에 오르사 하나님으로 복귀하셨다는 성경의 기록(롬 1:3-4)을 우리가 역사적 사실로 받아들이는 근거는 무엇일까요?
> 당신의 생각을 정리해 보세요.

1. 성경 말씀을 통해 당신의 신앙고백의 정당한 근거를 확인해 보십시오.

   (1) **[2항]** 눅 1:26-56; 마 1:18-25

   (2) **[3, 7항]** 마 3:1-17; 히 4:14-16

   (3) **[4-6항]** 갈 4:4-5; 히 7:20-28

2. 높아지신 주님께서 지금 이 순간도 우리를 위해 어떤 일을 하시는지, 8항을 다시금 꼼꼼하게 읽어 보고 생각해 보세요.

   (1) 성령을 통해 '잃은 양'을 구원하심
       마 28:16-20; 요 6:35-40; 요 10:14-16

   (2) 말씀으로 우리를 다스리심
       요 17:17; 롬 8:9-14; 갈 5:16-23

   (3) 우리를 위해 기도해 주심
       요 17:1-26; 롬 8:26-27; 롬 8:31-34

3. 당신의 '말씀 듣기/성경 읽기', 그리고 당신과 당신 삶에 대한 주님의 '다스리심' 사이에서 경험했던 바를 돌아보고 이야기해 보세요.

제9장
자유의지에 관하여

01

하나님은 사람의 의지에 선천적 자유를 부여해 주셨다. 그 의지는 어떤 선이나 악을 행하도록 강요받지 않으며, 선악을 행함에 있어서 절대적인 본성적 필연성에 의하여 결정되지 않는다.[1]

02

무죄한 상태에 있을 때 인간은, 하나님께서 보시기에 선하고 기뻐하시는 것을 원하고 행할 수 있는 자유와 능력을 가지고 있었다.[2]

그러나 인간은 또한 가변적이었기 때문에 그것으로부터 타락할 수도 있었다.[3]

03

타락으로 인해 죄의 상태에 빠진 인간은, 구원을 가져다줄 영적 선을 행할 의지력을 전적으로 상실하였다.[4]

---

1 마 17:12; 약 1:14; 신 30:19
2 전 7:29; 창 1:26
3 창 2:16-17; 창 3:6
4 롬 5:6; 롬 8:7; 요 15:5

그리하여 자연인으로서 인간은 영적 선행을 완전히 싫어하게 되었고,[5] 죄로 인해 죽어 있으므로[6] 그 자신의 힘으로는 회개할 수 없으며, 또 회개를 준비할 수도 없다.[7]

04

하나님께서 한 죄인을 회심시키시고 은혜의 상태에 들어가도록 변화시키실 때, 그분은 자연적인 죄의 속박으로부터 그 죄인을 해방시키신다.[8]

그리하여 그는 오직 하나님의 은혜로써만 영적 선행의 의지를 자유롭게 가지고 선을 행할 수 있다.[9]

그러나 그렇다고 해도 자신에게 여전히 남아 있는 부패성 때문에, 그는 선행의 의지를 온전히 행사하지 못할 때가 있을 뿐 아니라, 심지어 악한 것을 원하기도 한다.[10]

05

사람의 의지는 오직 영화의 상태에서만 완전하고 변동 없이 자유롭게 되어 선을 온전히 행할 수 있게 된다.[11]

---

5 롬 3:10, 12
6 엡 2:1, 5; 골 2:13
7 요 6:44–65; 엡 2:2–5; 고전 2:14; 딛 3:3–5
8 골 1:13; 요 8:34, 36
9 빌 2:13; 롬 6:18, 22
10 갈 5:17; 롬 7:15; 롬 7:18–19, 21, 23
11 엡 4:13; 히 12:23; 요일 3:2; 유 24

제9장
인간의 자유의지
(Of Free Will)

소요리문답

대요리문답이나 소요리문답은 '자유의지'와 관련한 문답을 담고 있지 않다. 즉, 본 주제는 성경이 계시하는 직접적 진리가 아니라 구속의 복음에 내포된 함의로서 다루어진 것이다. 이는 당시 10장 이후의 복음 교리를 설명하기 위해 본 9장의 필요성을 공감한 결과였다.

1. 인간의 '자유의지'란 무엇인가요? 1-2항을 읽고 나 자신의 말로 정리해 보세요.
   창세기 2장 16-17절에 나타난 하나님의 명령은 에덴동산의 사람(아담&하와)이 자유의지를 가지고 있었다는 사실을 잘 보여 줍니다.

2. 사람이 하나님의 선한 뜻을 행할 의지의 자유를 상실하게 된 원인에 대해 3항은 어떻게 설명하고 있나요?

   롬 3:9-20; 엡 2:1-3

3. 당신이 자유의지의 상실 원인에 대한 위 신앙고백의 진술에 동의한다면, 그 이유는 무엇인가요? 반대로 동의할 수 없다면, 그 이유는 무엇인가요?

4. 상실된 우리 그리스도인의 자유의지는 언제, 어떻게 회복되었나요? 4항과 함께 아래의 성경 말씀을 차례대로 읽고 대답해 보세요.

   엡 2:1-5; 요 8:31-36; 고전 2:6-14; 딛 3:3-7

5. 회복된 우리의 '자유의지'는 왜 그렇게도 자주 죄의 유혹에 넘어지는 것일까요? 4-5항을 다시 읽어 보고, 영적 긴장 상태를 살아가는 신자의 삶의 태도는 과연 어떠해야 하는지 생각하면서, 나만의 '승리 전략'을 계획해 보세요.

   롬 7:21-25; 롬 8:1-17; 갈 5:16-18; 엡 4:6-24

제10장
유효한 부르심에 관하여

01

하나님께서는 생명에 이르도록 예정하신 모든 사람들을 자신이 정하신 적당한 때에 그의 말씀과 성령을 통해 효과적으로 부르시되,[1] 예수 그리스도로 말미암아 그들이 처해 있는 본성적인 죄와 사망의 상태로부터 은혜와 구원의 상태로 인도하신다.[2]

또한 하나님께서는 택자들의 마음을 영적으로 깨우쳐서 구원에 관한 하나님의 일들을 이해하게 하시고,[3] 그들의 돌같이 굳은 마음을 제거하여 살같이 부드러운 마음을 갖게 해주시며,[4] 그들의 의지를 또한 새롭게 하셔서 자신의 전능하신 능력으로 그들이 선한 일을 할 수 있도록 결심하게 하신다.[5]

하나님께서 그들을 효과적으로 이끌어 예수 그리스도께로 나아오게 하시니,[6] 그들은 하나님의 은혜로 말미암아 가장 자유롭게 기꺼이 나아오는 것이다.[7]

---

1 롬 8:30; 롬 11:7; 엡 1:10-11; 살후 2:13-14; 고후 3:3, 6
2 롬 8:2; 엡 2:1-5; 딤후 1:9-10
3 행 26:18; 고전 2:10,12; 엡 1:17-18
4 겔 36:26
5 겔 11:19; 빌 2:13; 신 30:6 겔 36:27
6 엡 1:19; 요 6:44-45
7 아 1:4; 시 110:3; 요 6:37; 롬 6:16-18

02

이러한 유효적 부르심은 하나님께서 값없이 베푸시는 특별한 은혜에서 나오는 것일 뿐, 사람에게 있는 어떤 것을 예견하고서 부르시는 것이 아니다.[8]

이처럼, 하나님의 부르심에 있어서 인간은 전적으로 수동적이다. 따라서 성령으로 말미암아 깨우침을 받고 새롭게 된 연후에야[9] 그의 부르심에 응답하여 제공된 은혜를 가슴에 품으며 받아들이게 된다.[10]

03

영유아기에 죽은 이들 가운데서 택함받은 영유아들은 성령 안에서 그리스도로 말미암아 중생하고 구원받는다.

이때 성령께서는 자신이 기뻐하시는 때와 장소에서 고유의 방식으로 역사하신다.[11]

또한 말씀 사역을 통하여 외적으로 부름받을 수 없는 모든 택함받은 자의 구원도 그와 같다.[12]

---

[8] 딤후 1:9; 딛 3:4-5; 엡 2:4-5, 8-9; 롬 9:11
[9] 고전 2:14; 롬 8:7; 엡 2:5
[10] 요 6:37; 겔 36:27; 요 5:25
[11] 눅 18:15-16; 행 2:38-39; 요 3:3, 5; 요일 5:12; 롬 8:9과 비교; 요 3:8
[12] 요일 5:12; 행 4:12

말씀 사역을 통해 외적 부름을 받고 성령의 일반적인 역사를 경험했다 할지라도[13] 택함을 받지 못한 자들은 결코 참되게 그리스도에게 나올 수 없고, 따라서 구원받을 수도 없다.[14]

기독교 신앙을 받아들이지 않는 사람들은 다른 어떤 방법으로도 구원받을 수 없다. 비록 그들이 본성의 빛과 그들이 신봉하는 종교의 계율에 따라 열심히 생활할지라도 구원받지 못한다.[15]

그러므로 그들이 구원받을 수 있다고 단언하고 그렇게 주장하는 것은 아주 해롭고 가증스러운 일이다.[16]

---

13 마 22:14; 마 7:22; 마 13:20–21; 히 6:4–5
14 요 6:64–66; 요 8:24
15 행 4:12; 요 14:6; 엡 2:12; 요 4:22; 요 17:3
16 요이 9–11; 고전 16:22; 갈 1:6–8

제10장
효력 있는 부르심
(Of Effectual Calling)

> **소요리문답 제29-32문답**
>
> 제29문. 우리는 어떻게 그리스도께서 값 주고 사신 구속에 참여하는 자가 됩니까? 답. 성령의 효과적인 부르심을 통해.
> 제30문. 그리스도께서 값 주고 사신 구속을 성령께서는 어떻게 우리에게 적용하십니까? 답. 믿음을 일으킴으로써.
> 제31문. 효과적인 부르심이란 무엇입니까? (요 16:7-11; 행 26:18; 엡 1:18)
> 제32문. 효과적으로 부르심을 받은 자들이 이생에서 누리는 혜택은 무엇입니까? 답. 칭의 받고 하나님의 자녀로 입양.

혹시 "애야, 이리 오너라"와 같이 누군가의 부름에 응답했던 기억이 있나요? 당신이 처음 믿음을 고백했었던 때를 기억해 보세요. 믿음(구원)이 나의 결단이기 이전에 하나님께서 불러 주신 결과라는 사실을, 당신은 어떻게 인정할 수 있을까요?

1. 효과적인 부르심이란 "거듭나게(born again) 하시는 성령의 사역"이라고 하는데(소요리문답 제31문답), 성령 하나님의 부르심의 내용이 무엇인지 1항과 말씀을 읽고 정리해 보세요.

   요 3:1-8; 롬 8:30; 살후 2:13-17; 딤후 1:8-12

2. 2항은 효력 있는 부르심의 '원인이 되지 못하는 것'이 있는데, 그것을 무엇이라고 말하나요? 그렇다면, 부르심의 유일한 원인 또는 동인(動因)은 무엇인가요?

   딤후 1:9

3. 택함받은 영유아들 중에 영유아기에 죽어서 복음 전도에 응답할 수 없었던 영유아들은 어떻게 되나요?(3항) 반대로, 복음을 전해 듣고서도 믿음으로 그리스도께 나아오지 않는 사람들은 어떻게 되나요?(4항)

   마 22:14

4. 오늘 공부한 내용을 통하여 당신이 새롭게 깨닫거나 발견한 사실은 무엇인가요? 차근히 생각하고 정리해 보세요.

제11장
칭의에 관하여

01

하나님께서는 유효하게 부르신 사람들을 또한 의롭다고 칭하신다.[1] 그것은 그들에게 의를 주입함으로써가 아니라, 그들의 죄를 사하시고 그들의 인격을 의로운 것으로 간주하여 용납하심으로써 되는 것이다.

칭의는 그들 안에서 이루어진 어떤 것이나 또는 그들에 의해서 행해진 어떤 것들 때문이 아니라 오직 그리스도 때문에 되는 것이다.

믿음 자체나 믿는 행위, 또는 다른 어떤 복음적 순종을 그들의 의로 돌림으로써가 아니라, 그리스도의 순종과 속량을 그들에게 전가시킴으로써 믿는 죄인들은 의롭다 함을 받는다.[2]

그들은 믿음으로 그리스도와 그분의 의를 받아들이고 의존함으로써 의롭다 함을 받게 된다.

이때, 그들이 가진 믿음은 그들 스스로에게서 나온 것이 아니라 하나님의 선물이다.[3]

---

1 롬 8:30; 롬 3:24
2 롬 4:5-8; 고후 5:19, 21; 롬 3:22, 24-25, 27-28; 딛 3:5, 7; 엡 1:7; 렘 23:6; 고전 1:30-31; 롬 5:17-19
3 행 10:43; 갈 2:16; 빌 3:9; 행 13:38-39; 엡 2:7-8

02

이처럼, 그리스도와 그분의 의를 받아들이고 의지하는 믿음은 칭의의 유일한 방편이다.[4]

그러나 이 믿음은 의롭다 함을 받은 사람 안에서 가만히 있지 않고 언제나 다른 구원의 은사들을 동반한다.

그것은 죽은 믿음이 아니라 사랑으로써 역사하는 믿음인 것이다.[5]

03

그리스도께서는 자신의 순종과 죽음을 통하여 의롭다 함을 받은 모든 신자의 빚을 완전하게 갚으셨다.

그리하여 그리스도는 그들을 대신하여 성부 하나님의 공의를 합당하고 실제적이며 온전하게 만족시키셨다.[6]

성부께서는 그들을 위하여 그리스도를 내어 주셨고,[7] 그리스도의 순종과 속죄는 그들을 대신하여 받아들여졌다.[8] 그들이 의롭다 함을 받은 것은 그들 안에 선한 무엇이 있어서가 아니라, 오직 값없이 베푸신 은혜로 말미암은 것이다.[9]

그리하여 하나님의 엄정한 공의와 풍성한 은혜가 죄인의 칭의를 통해 영광스럽게 드러난다.[10]

---

4 요 1:12; 롬 3:28; 롬 5:1
5 약 2:17, 22, 26; 갈 5:6
6 롬 5:8-10, 19; 딤전 2:5-6; 히 10:10, 14; 단 9:24, 26; 사 53:4-6, 10-12
7 롬 8:32
8 고후 5:21
9 롬 3:24; 엡 1:7
10 롬 3:26; 엡 2:7

04

하나님께서는 영원부터 택함을 받은 모든 자들이 의롭다 함을 받도록 작정하셨다.[11] 때가 차매 그리스도께서 택자들의 죄를 위하여 죽으셨으며, 그들의 칭의를 위하여 다시 살아나셨다.[12]

그렇지만, 성령께서 정한 때에 그리스도를 그들 각자에게 적용하여 믿게 하실 때에야 비로소 그들은 실제로 의롭다 함을 받게 된다.[13]

05

하나님은 의롭다 함을 받은 신자가 범하는 죄를 계속해서 용서하신다.[14] 따라서 그 죄로 인하여 그들이 칭의의 상태에서 결코 떨어지는 일은 없다.[15]

그러나 그들의 죄로 말미암아 하나님의 부성적(父性的) 진노를 사게 되며, 그들이 스스로 겸비하여 죄를 고백하고 용서를 구하며 그들의 믿음과 회개를 새롭게 하기까지는, 하나님의 노여움이 가시지 않는다.[16]

06

이 모든 측면에서, 구약 시대 신자의 칭의는 신약 시대 신자의 칭의와 동일하다.[17]

---

11 갈 3:8; 벧전 1:2, 19-20; 롬 8:30
12 갈 4:4; 딤전 2:6; 롬 4:25
13 골 1:21-22; 갈 2:16; 딛 3:4-7
14 마 6:12; 요일 1:7, 9; 요일 2:1-2
15 눅 22:32; 요 10:28; 히 10:14
16 시 89:31-33; 시 51:7-12; 시 32:5; 마 26: 75; 고전 11:30, 32; 눅 1:20
17 갈 3:9, 13-14; 롬 4:22-24; 히 13:8

제11장
의롭다 하심[칭의]
(Of Justification)

소요리문답 제33문답

제33문. 칭의란 무엇입니까?
　답. 칭의는 하나님의 은혜의 행위로서, 그리스도를 믿고 영접한 신자의 죄를 사하시고 의로운 사람으로 받아주시는 것입니다.

> 그간 신앙생활의 여정 속에서 '칭의 교리'에 대해 갖고 있던 당신의 확신이 당신의 일상생활에 어떤 영향을 미쳐 왔다고 생각하나요?

1. 1-3항과 관련한 성경 말씀을 읽고, '의롭다 하심'(칭의)의 교리를 나 자신의 말로 요약해 보세요.

   롬 3:23-27; 4:5-8; 갈 2:15-16

2. 칭의의 '도구적 원인'이라 불리는 구원 얻게 하는 우리의 '믿음'은 또한 "사랑으로써 역사하는 믿음"(갈 5:6)이라고 2항에서 밝혀 줍니다. 그렇다면, 우리는 믿음을 가진 결과로서, 나 자신에 대해 어떤 변화와 성장을 기대할 수 있을까요?

   약 2:20-26; 엡 3:14-19

3. 하나님께서는 택자의 칭의를 예정하셨다고 4항에서 밝혀 줍니다. 또한 우리가 실제로 칭의 받은 사람이라는 증거로서, 하나님은 우리의 죄를 "계속 용서하십니다"(5항). 하지만, 이때 – 칭의는 비록 취소되지 않을지라도 – 하나님의 얼굴 빛을 다시 뵈옵기 위해서(5항) 우리는 어떻게 해야 할까요?

   롬 12:1-2; 마 6:12; 요일 1:5-2:2; 시 51:1-19

4. 오늘 공부한 '칭의 교리'를 생각할 때, 이 교리가 우리를 방종으로 이끌지 않고 자기 절제와 영적 성장으로 이끌 것이라고 기대할 수 있는 근거는 무엇일까요? 당신의 생각을 잘 정리해 보세요.

제12장
양자 삼으심에 관하여

01

하나님께서는 의롭다 함을 받은 모든 신자를 그의 독생자 예수 그리스도 안에서, 그리고 예수 그리스도를 위하여, 양자 됨의 은혜에 참여하는 자들이 되도록 허락하신다.[1] 이를 통해 그들은 하나님의 자녀의 수에 가입되고 하나님의 자녀로서의 자유와 특권을 누린다.[2]

또한 그들 위에 하나님의 이름이 기록되며,[3] 양자의 영을 받고,[4] 은혜의 보좌 앞에 담대히 나아가게 된다.[5] 그들은 하나님을 아바 아버지라 부르며,[6] 불쌍히 여김을 받게 되고,[7] 보호를 받으며,[8] 필요한 것을 공급받는다.[9]

또한, 그들은 때때로 육신의 아버지에게 징계를 받는 것처럼 하나님의 징계를 받기도 하지만,[10] 결코 버림을 당하지 않으며,[11] 구속의 날까지 인침을 받고,[12] 영원한 구원의 상속자로서 약속들을 기업으로 물려받는다.[13]

---

1 엡 1:5; 갈 4:4-5
2 롬 8:17; 요 1:12
3 렘 14:9; 고후 6:18; 계 3:12
4 롬 8:15
5 엡 3:12; 롬 5:2; 히 4:16
6 갈 4:6
7 시 103:13
8 잠 14:26
9 마 6:30, 32; 벧전 5:7
10 히 12:6
11 애 3:31; 히 13:5
12 엡 4:30
13 히 6:12; 벧전 1:3-4; 히 1:14

제12장
양자 삼으심
(Of Adoption)

소요리문답 제34문답

제34문. 양자 삼으심이란 무엇입니까?
답. 양자 삼으심은 하나님께서 값없이 주시는 은혜로서, 그리스도를 주로 믿는 모든 이를 자녀로 삼으시고 마땅한 모든 특권을 부여하시는 것입니다.

> 당신이 교회에 다니고 있다는 것 외에, 그리스도에 대한 믿음으로 하나님의 아들, 딸이 되었다는 사실이 당신에게 주는 특별한 의미가 있다면, 그것은 무엇인가요?

1. 하나님께서 주 예수를 믿는 이들에게 '칭의'와 함께 '자녀 됨'의 은혜에 참여하게 하셨으며, 신자는 이로써 자녀로서의 특권을 누리게 되었습니다(1항). 그 특권이란 구체적으로 무엇인지 요약해 보세요.

   (1) 하나님을 (   )(   )(   )라 부름 (롬 8:15; 갈 4:4-6; 엡 1:3-6)

   (2) 긍휼히 여김받는 자녀로서 (   )(   )를 받음 (시 103:13; 잠 14:26)

(3) 필요를 (   )(   ) 주심 (벧전 5:7, 마 6:24-32)

(4) 하나님의 아버지로서의 (   )(   ) 와 용서 (히 12:4-10)

(5) 상속자로서 (   )(   ) 을 받음 (벧전 1:3-5)

2. 당신은 언제 내가 하나님의 자녀인 것을 새삼스럽게 느끼거나 확신하게 되나요?
   반대로, 하나님의 자녀임을 확신하기 어렵다면, 왜 그렇다고 생각하나요?

   (1)

   (2)

   (3)

3. 최근에 당신이 하나님의 자녀로서 경험한 '특권'이나 특별한 '영적 사건'이 있었다면,
   그것은 무엇이었는지 하나님 앞에 고백해 보세요.

제13장
성화에 관하여

01

유효한 부르심을 받고 중생하여 새 마음과 새 영을 창조받은 신자들은 그리스도의 죽음과 부활의 공로 안에서[1] 하나님의 말씀과 그들 안에 내주하시는 성령으로 말미암아 실제적으로, 인격적으로 성화된다.[2]

전인(全人)을 지배하는 죄의 권세가 파괴되고,[3] 그 죄의 몸으로부터 나오는 여러 욕망들이 더 약화되고 줄어든다.[4]

그들은 구원하는 은혜의 방편들을 통해 더욱 깨우침을 받아 강건해지며 참되고 거룩한 삶을 살게 된다. 이것이 없이는 아무도 주를 보지 못할 것이다.[5]

1　고전 6:11; 행 20:32; 빌 3:10; 롬 6:5-6
2　요 17:17; 엡 5:26; 살후 2:18
3　롬 6:6, 14
4　갈 5:24; 롬 8:13
5　고후 7:1; 히 12:14

02

이러한 성화는 전 인격을 통해서 이루어진다.[6] 그러나 이생에서는 불완전하여 모든 부분에 얼마간의 부패의 잔재들이 여전히 남아 있다.[7]

그렇기 때문에 타협할 수 없는 전쟁이 계속적으로 일어나며, 육체는 성령을 거스르고 성령은 육체를 거슬러 싸우게 된다.[8]

03

이 영적 싸움에 관하여는, (신자의 본성 속에) 남아 있는 부패함(겉사람)이 일시적으로 우세할 수는 있지만,[9] 성결케 하시는 그리스도의 영으로부터 지속적으로 힘을 공급받는 거듭난 속사람이 결국 이기게 된다.[10]

그리하여 신자들은 은혜 가운데서 성장하게 되며,[11] 하나님을 경외함으로써 거룩함을 온전히 이루어 간다.[12]

---

6 살전 5:23
7 요일 1:10; 롬 7:18, 23; 빌 3:12
8 갈 5:17; 벧전 2:11
9 롬 7:23
10 롬 6:14; 요일 5:4; 엡 4:15-16
11 벧후 3:18; 고후 3:18
12 고후 7:1

제13장
성화
(Of Sanctification)

소요리문답 제35-36문답

제35문. 성화(거룩하게 하심)란 무엇입니까?
　　답. 성화는 은혜의 사역으로서, 중생한 신자가 하나님의 형상을 따라 새로워져서 죄에 대하여 죽고 의에 대하여 살게 하시는 것이다.
제36문. 이 세상에서 칭의와 양자 됨, 그리고 성화로부터 나오는 혜택들은 무엇입니까?
　　답. 그 혜택들은 1) 하나님의 사랑에 대한 확신, 2) 양심의 평온, 3) 성령 안에서의 기쁨, 4) 끝까지 인내하는 것이다.

당신의 신앙 여정 전체를 돌아볼 때, 성화의 교리(1-3항)는 어떤 면에서 당신의 실제 삶과 일치, 또는 불일치하는지 스스로 평가해 보세요.

1. 성화(聖化)의 은혜에 참여하는 사람들은 어떤 사람들인지 1항을 읽고 대답해 보세요. 그리고 그 신자들은 어떻게, 어떤 방식으로 하나님의 형상을 닮아 가게 될까요? 아래 성경 말씀을 꼼꼼히 살핀 다음 답해 보세요.

　　요 17:17; 행 20:32; 갈 5:16-18; 롬 6:1-14

2. 2-3항에 의하면, 지상에서 신자의 삶은 성화를 위한 하나님의 은혜 베푸심과 성령의 일하심에도 불구하고 불완전하며 때론 죄의 유혹에 넘어지기도 합니다. 이런 상황에 직면할 때마다 신자는 어떻게 대처해야 하는지, 시편 51편을 읽고 생각해 보세요.

3. 당신에게 있어 죄책감을 느끼면서도 잘 극복하지 못했거나 쉽게 타협했던 '죄' 또는 '문제'는 무엇이었다고 생각하나요? 빌립보서 3장 10-16절을 깊이 묵상한 다음, 나만의 '승리 전략'을 세워 보세요.

> 그러므로 너희는 그들 중에서 나와서 따로 있고, 부정한 것을 만지지 말라. 내가 너희를 영접하여 너희에게 아버지가 되고 너희는 내게 자녀가 되리라. 전능하신 주의 말씀이니라 하셨느니라. 그런즉 사랑하는 자들아, 이 약속을 가진 우리는 하나님을 두려워하는 가운데서 거룩함을 온전히 이루어 육과 영의 온갖 더러운 것에서 자신을 깨끗하게 하자(고후 6:17-7:1)

(1)

(2)

(3)

제14장
구원에 이르게 하는 믿음(신앙)에 관하여

01

믿음(신앙)의 은혜로 말미암아 택함을 받은 자들은 믿게 되고, 그들의 영혼은 구원을 받는다.[1]

그들이 이렇게 믿게 되는 것은 그리스도의 영의 역사 때문인데,[2] 믿게 하시는 성령의 역사는 통상적으로 말씀 사역을 통하여 이루어진다.[3]

이렇듯, 말씀과 성례의 집행과 기도에 의해 믿음의 은혜는 더욱 증가되고 강화된다.[4]

02

이 믿음(신앙)으로 말미암아 그리스도인은 말씀 안에 계시된 모든 것이 참되다고 믿게 되는데, 이는 성경 안에서 친히 말씀하시는 하나님의 권위 때문이다.[5]

신자는 그 말씀의 각 구절에 포함되어 있는 내용에 따라 행동하되,

---

1 히 10:39
2 고후 4:13; 엡 1:17-19; 엡 2:8
3 롬 10:14, 17
4 벧전 2:2; 행 20:32; 롬 4:11; 눅 17:5; 롬 1:16-17
5 요 4:42; 살전 2:13; 요일 5:10; 행 24:14

명령의 말씀에는 순종하고,⁶ 경고의 말씀에 대해서는 두려워 떨며,⁷ 금생과 내생을 위한 하나님의 약속들은 기꺼이 받아들인다.⁸

그러나 구원에 이르게 하는 믿음의 주된 행위는 칭의와 성화 그리고 영생을 위해 은혜 언약에 근거하여 오직 그리스도만을 받아들이고 의지하게 하는 것이다.⁹

이러한 믿음은 정도의 차이가 있어서 약하기도 하고 강하기도 하다.¹⁰ 믿음은 종종 여러 모양으로 공격당하고 약해질 수도 있으나, 신자는 결국 승리를 얻게 된다.¹¹

우리 믿음의 창시자시요 온전케 하시는 분인 그리스도를 통하여 충만한 확신에 이르기까지 믿음(신앙)은 여러 면에서 성장한다.¹²

---

6 롬 16:26
7 사 66:2
8 히 11:13; 딤전 4:8
9 요 1:12; 행 16:31; 갈 2:20; 행 15:11
10 히 5:13-14; 롬 4:19-20; 마 6:30; 마 8:10
11 눅 22:31-32; 엡 6:16; 요일 5:4-5
12 히 6:11-12; 히 10:22; 12:2; 골 2:2

제14장
구원하는 믿음
(Of Saving Faith)

소요리문답 제86문답 (37-85문답은 WCF 13장[성화론]과 관계된 세부 항목)

제37-38문. 신자들이 죽을 때와 부활 때에 그리스도로부터 받는 혜택들은 무엇입니까? (빌 3:10-16)
제39-81문. 십계명
제82문. 사람이 하나님의 계명을 완전하게 지킬 수 있나요? 답. 없다. 오히려 날마다 계명들을 어긴다.
제83문. 법을 어기는 일이 모두 하나같이 흉악한 것입니까? 답. 어떤 죄는 본질상 더 악하고, 하나님 보시기에 더 흉악하다.
제84문. 모든 죄가 마땅히 받을 보응이 무엇입니까?
제85문. 죄 때문에 마땅히 당할 하나님의 진노와 저주를 피하게 하려고 하나님이 우리에게 요구하시는 것은 무엇인가요? 답. 예수 그리스도를 의지하여 믿고 생명에 이르는 회개를 하는 것.
제86문. 예수 그리스도를 믿는다는 것이 무엇입니까? 답. 믿음은 하나님의 선물로서, 복음에 제시된 대로 그분을 믿고 의지하는 것.

WCF 13장(성화론)과 14장(신앙론) 사이에 〈소요리문답〉은 48개 문항을 추가하고 있습니다. 여기에는 그리스도의 죽음과 부활에 대한 신앙(37-38문답)에 기초하여 십계명을 지켜 내는(39-81문답) '성화'의 문제가 총체적으로 다루어지고 있기 때문입니다.

그 과정에서 〈소요리문답〉은 신자의 범죄를 언급하면서(82-84문답) 죄 문제를 해결하기 위해 '믿음'과 '회개'가 요구됨을 지적합니다(85-87문답, 신앙고백서 14-15장). 지금 공부하는 '믿음'의 교리는 이러한 관점에서 생각해야 합니다.

1. 1항과 관련한 성경 말씀을 읽고, '믿음'이란 무엇인지 자신의 말로 정리해 보세요.

   (1) 믿음의 정의
   요 3:16; 행 16:31; 롬 1:17; 롬 3:28; 히 10:39

(2) 믿음의 기원과 발생
엡 1:17-19; 엡 2:8; 롬 10:13-17

(3) 믿음의 강화 / 성장 방법
행 20:32; 벧전 2:2; 살전 2:13; 롬 8:26-28

2. 하나님의 말씀(성경)과 신실한 기도가 우리의 믿음을 강화하는 데 효력을 가집니다. 그 이유를 2항에서는 어떻게 말하고 있나요?

롬 1:16; 롬 16:25-27; 살전 2:13

3. 당신은 최근 들어 '내 믿음이 약해졌다'고 느낀 적이 있었나요? 3항을 다시 읽으면서 믿음이 약해지는 이유가 무엇인지, 이럴 때 믿음을 '회복'하는 길은 무엇일지 곰곰히 생각해 봅시다.

요일 5:4-5; 눅 22:32; 롬 4:19-22; 히 5:13-14; 히 12:2

제15장
생명에 이르게 하는 회개에 관하여

01

생명에 이르게 하는 회개는 복음의 은혜이다.¹ 그리스도께 대한 믿음(신앙)의 교리와 함께, 이 회개의 교리는 모든 복음의 사역자에 의해서 전파되어야 한다.²

02

이러한 회개를 통해 죄인은 자신의 죄가 위험할 뿐 아니라, 더럽고 추악하며, 하나님의 거룩한 성품과 그의 의로운 율법에 배치되는 것을 눈으로 보고 깨닫게 된다.

또한, 하나님께서는 그리스도 안에서 회개하는 자들에게 긍휼을 베푸신다는 것을 깨닫게 될 때, 그들은 자신의 죄를 슬퍼하고 미워하며 죄로부터 돌이켜 하나님께로 향하게 된다.³

그리고 그의 모든 계명을 좇아서 하나님과 동행하기로 목적하며 힘쓰게 된다.⁴

---

1 슥 12:10; 행 11:18
2 눅 24:47; 막 1:15; 행 20:21
3 겔 18:30-31; 겔 36:31; 사 30:22; 시 51:4; 렘 31:18-19; 욜 2:12-13; 암 5:15; 시 119:128; 고후 7:11
4 시 119:6, 59, 106; 눅 1:6; 왕하 13:25

03

회개 자체가 죄에 대한 속량을 가져오는 죄사함의 직접적 원인은 아니다.[5] 그럼에도 불구하고, 회개는 그리스도 안에서 하나님이 값없이 베푸시는 은혜의 행위이다.[6]

따라서 회개는 모든 죄인에게 필요한 것이며, 회개 없이는 그 누구도 죄사함을 기대할 수 없다.[7]

04

아무리 작은 죄라도 회개 없이는 영벌을 면할 수 없는 것과 같이,[8] 참되게 회개하는 자에게 영벌을 불러올 만큼 큰 죄는 하나도 없다.[9]

05

사람들은 일반적인 회개로 만족해서는 안 되며, 우리 모두에게는 각자 자신의 죄를 낱낱이 개별적으로 회개하기를 힘써야 할 의무가 있다.[10]

---

5   겔 36:31-32; 겔 16:61-63
6   호 14:2, 4; 롬 3:24; 엡 1:7
7   눅 13:3, 5; 행 17:30-31
8   롬 6:23; 롬 5:12; 마 12:36
9   사 55:7; 롬 8: 1; 사 1:16-18
10 시 19:13; 눅 19:8; 딤전 1:13, 15

각 사람은 자신의 죄를 하나님께 개인적으로 고백함으로써 죄를 사하여 주시기를 간구해야 한다.[11] 그렇게 기도하며 죄악을 버릴 때, 그는 마침내 하나님의 자비를 얻게 된다.[12]

따라서 다른 사람들에 대해서나 그리스도의 교회에 문제를 일으킨 자들은 사적으로나 공적으로 기꺼이 고백해야 하며, 그 죄로 인해 슬퍼하면서 상처를 입은 이들에게 자신의 회개를 분명히 해야 한다.[13]

그렇게 할 때, 피해자들 또한 그와 화목하며 그를 사랑으로 받아 주어야 한다.[14]

---

11 시 51:4-5, 7, 9, 14; 시 32:5-6
12 잠 28:13; 요일 1:9
13 약 5:16; 눅 17:3-4; 수 7:19; 시 51:1-19
14 고후 2:8

제15장
생명 얻는 회개
(Of Repentance unto Life)

소요리문답 제87문답 (88-90문답은 WCF 14장[신앙론]과 연결하여 '말씀의 효력'을 다룸)

제87문. 생명에 이르는 회개란 무엇입니까? 답. 회개는 구원의 은총인데, 죄인이 자기 죄를 침되게 인식하여 슬퍼하고 미워하며 죄로부터 돌이켜 하나님께로 돌이키는 것.
제88문. 그리스도께서 구속의 혜택을 우리에게 전달하기 위해 사용하시는 외적 방법은 무엇입니까? 답. 말씀, 기도, 성례.
제89문. 말씀이 어떻게 구원의 효력을 가지게 됩니까? 답. 성령께서 복음 전도와 말씀의 설교를 사용하여 사람에게 역사하심.
제90문. 구원의 효력을 위해 우리는 말씀을 어떻게 읽고 들어야 합니까? 답. 부지런함과 기도의 준비와 함께 성경을 읽고 순종.

> 지금 이 순간 당신이 누군가로부터 '회개하라'는 말을 듣게 된다면, 당신은 어떤 느낌을 느끼며 어떤 생각을 할 것 같은지 메모해 보세요.

---

1. 1-3항과 아래 성경 말씀을 차례대로 읽고, '회개(하다)'라는 말의 의미를 정리해 보세요.

    행 11:18; 행 17:30-31; 막 1:1-5, 14-15; 시 51편

    [1항]

    [2항]

    [3항]

2. 신앙고백서는 왜 '믿음(신앙)의 교리'와 함께 '회개의 교리'를 전도자(설교자)가 반드시 전파해야 한다고 명시할까요?(1항) 사도 바울은 자신이 교회와 신자에게 "유익한 것은 무엇이든지 거리낌 없이 가르쳤다"고 하면서 "유대인(종교적 성향의 사람들)과 헬라인들(이성적이고 세속적인 사람들)에게 하나님께 대한 회개와 주 예수 그리스도께 대한 믿음을 증거"했다는 말로 에베소 지역의 목회자들을 격려하고 있습니다.

행 20:17-21

3. 신앙고백서는 회개가 불신자에게 반드시 요구되는 하나님의 명령임과(4항) 동시에, 신자에게도 요구되는 신앙 행위라고(5-6항) 가르칩니다. 그렇다면, 우리 신자들이 죄를 "개별적으로 회개해야"(5항) 하는 이유는 무엇이라고 생각하나요? 구약 성경 '사시기'와 '역사서'들, 그리고 그와 관련한 설교들을 기억하면서 당신의 생각을 정리해 보세요.

요일 1:5-10; 고후 1:8-11; 딤후 1:15; 욜 2:12-13; 시 32편

제16장
선행에 관하여

01

선행이란, 하나님께서 자신의 거룩한 말씀 안에서 명령하신 것만을 가리킨다.[1]

그러므로 성경에 근거하지 않고 사람들에 의해서 고안되거나 맹목적인 열심이나 선한 의도를 구실로 삼아 하는 행위들은 결코 선행이 아니다.[2]

02

하나님의 계명에 순종함으로써 행하는 선행들은 참되고 살아 있는 믿음의 열매요 증거들이다.[3]

이러한 선행을 통하여 신자는 자신의 감사함을 표하면서,[4] 자신의 확신을 견고하게 하고,[5] 자기 형제들에게 덕을 세우며,[6] 복음에 대한 신앙고백을 돋보이게 할 뿐 아니라,[7] 대적자의 입을 막고,[8] 하나님을

---

1 미 6:8; 롬 12:2; 히 13:21
2 마 15:9; 사 29:13; 벧전 1:18; 롬 10:2; 요 16:2; 삼상 15:21-23
3 약 2:18, 22
4 시 116:12-13; 벧전 2:9
5 요일 2:3, 5; 벧후 1:5-10
6 고후 9:2; 마 5:16
7 딛 2:5, 9-12; 딤전 6:1
8 벧전 2:15

영화롭게 한다.⁹

이처럼 모든 신자는 하나님의 지으심을 받은 자들이요
그리스도 예수 안에서 선한 일을 위하여 창조된 자들이므로,¹⁰
거룩함에 이르는 열매를 맺게 되고, 결국에는 영생을 취하게 된다.¹¹

선행을 행할 수 있는 신자의 능력은 그들 자신에게서 나오는 것이
아니라 전적으로 그리스도의 영으로부터 나온다.¹²

따라서 그들이 선을 행할 수 있으려면, 그들이 이미 받은 은혜들 외에
그들 속에서 역사하시며 자기의 기쁘신 뜻을 따라 행하게 하시는
성령의 실제적 감화가 필요하다.¹³

그러나 그렇다 하더라도, 성령의 특별한 감화가 없다고 하면서
어떤 의무도 실천할 필요가 없는 것처럼 오해하거나 나태함에
빠져서는 안 된다. 오히려 신자들은 그들 안에 있는 하나님의 은혜를
불러일으키는 의무를 행하도록 부지런히 힘써야 한다.¹⁴

9　벧전 2:12; 빌 1:11; 요 15:8
10　엡 2:10
11　롬 6:22
12　요 15:4-6; 겔 36:26-27
13　빌 2:13; 빌 4:13; 고후 3:5
14　빌 2:12; 히 6:11-12; 벧후 1:3, 5, 10-11; 사 64:7; 딤후 1:6; 행 26:6-7; 유 20-21

04

순종을 통해 이생에서 할 수 있는 최고의 선행에 도달한 사람일지라도 결코 의무 이상의 공을 세우거나 하나님께서 요구하시는 것보다 더 많은 것을 행할 수는 없다. 왜냐하면 그들은 마땅히 행해야 할 의무조차도 다 실천할 수 없기 때문이다.[15]

05

우리는 우리의 최선의 행동으로 하나님께서 베푸시는 죄 사함이나 영생을 얻을 만한 공로를 세울 수 없다. 우리의 선행들과 장차 있을 영광 사이에는 너무나 큰 간격이 있으며 우리와 하나님 사이에도 무한한 거리가 있기 때문이다.

선행은 우리가 이전에 범한 죄악들의 빚을 갚지 못하며, 하나님의 공의를 만족시킬 수도 없다.[16]

그러므로 우리가 할 수 있는 최선을 다했을 때조차도, 우리는 겨우 의무만을 행한 것이며 무익한 종들에 불과하다.[17] 이 같은 우리의 선한 행위가 그리스도의 영으로부터 나온 것이기에 선한 것이다.[18]

그러나 그 행위들이 우리 자신에 의해 된 것이라면, 그것들은 너무나 많은 부족함과 불완전함으로 더럽혀지고 뒤섞여 있어서 하나님의 준엄한 심판을 견디어 낼 수 없다.[19]

---

15 눅 17:10; 느 13:22; 욥 9:2-3; 갈 5:17
16 롬 3:20; 4:2, 4, 6; 엡 2:8-9; 딛 3:5-7; 롬 8:18; 시 16:2; 욥 22:2-3; 욥 35:7-8
17 눅 17:10
18 갈 5:22-23
19 사 64:6; 갈 5:17; 롬 7:15, 18; 시 143:2; 시 130:3

06

그럼에도 불구하고, 신자의 인격이 그리스도에 의해 받아들여진 것과 같이 신자의 선행 또한 그리스도 안에서 받아들여진다.[20]

그러나 이는 신자의 선행이 이 세상에서 하나님 앞에 흠이 없거나 책망받을 만한 것이 없다는 뜻은 아니다.[21]

하나님께서는 그의 아들 안에서 선행들을 평가하시므로, 비록 부족하고 불완전할지라도 성실하게 행한 것으로 받으시고 상을 베푸시는 것이다.[22]

07

중생하지 못한 사람들이 한 행위들이 그 자체로 하나님께서 명하신 계명들에 일치하며 자신들과 다른 이들에게 유용한 것이라 할지라도,[23] 그 선행은 믿음에 의해 성결케 된 마음에서 나온 것이거나[24] 말씀을 따라 올바른 방식으로 행한 것도 아니며[25] 하나님의 영광을 위한 올바른 목적을 달성하려 함도 아니기 때문에,[26] 그것들은 죄악 된 것들이요 하나님을 기쁘시게 할 수 없는 것들이며 하나님께로부터 은혜를 받기에 합당한 것도 아니다.[27]

그러나 그들이 선행을 게을리하는 것은 더욱 죄악 된 것이며 하나님을 더욱 불쾌하게 하는 것이다.[28]

---

20 엡 1:6; 벧전 2:5; 출 28:38; 창 4:4; 히 11:4
21 욥 9:20; 시 143:2
22 히 13:20-21; 고후 8:12; 히 6:10; 마 25:21, 23
23 왕하 10:30-31; 왕상 21:27, 29; 빌 1:15-16, 18
24 창 4:5; 히 11:4, 6
25 고전 13:3; 사 1:12
26 마 6:2, 5, 16
27 학 2:14; 딛 1:15; 암 5:21-22; 호 1:4; 롬 9:16; 딛 3:5
28 시 14:4; 시 36:3; 욥 21:14-15; 마 25:41-43, 45; 마 23:23

제16장
선행
(Of Good Works)

소요리문답 (WCF 제27장 '성례론'에 관한 91-97문답으로 이어질 때까지, 상응하는 소요리문답 없음)

WCF 16-26장의 내용을 〈대요리문답〉이나 〈소요리문답〉은 다루지 않는다. 대신에 신앙고백서가 다루지 않는 '기도'라는 주제를 첨가하는데, 특별히 기도에 대한 주님의 가르침인 '주기도'(Lord's Prayer) 해설을 마지막 98-107문답 (대요리문답 178-196문답)에 담아 낸다.

> 당신은 한국 교회의 교인들이 충분히 선행을 하고 있다고 생각하나요?
> 혹시 그렇지 않다고 평가한다면, 한국 교회 교인들이 선행을 잘 하지 않는 이유는
> 무엇일까요? 당신의 생각을 피력해 보세요. (마 5:17-20; 7:15-27)

1. "선행은 신앙의 (   )(   )"인데, 1-2항과 아래 성경 말씀에 따르자면, 선행의 참된 의미는 무엇이라 할 수 있을까요?

   엡 2:8-10; 미 6:6-8

2. 3-6항에 의하면, (구원 얻는) '믿음'과 (신자의 삶의 열매로서의) '선행'은 어떤 관계인지 설명해 보세요.

   엡 2:8-10; 약 2:14-26

3. 7항을 볼 때, 불신자(중생하지 못한 자)의 선행이 그를 구원하지 못하는 이유는 무엇인가요? 그렇다면, "왜 하나님은 착하게 사는 사람들을 구원해 주지 않으십니까?" 라고 질문하면서 기독교 신앙을 공격하는 이들에게 당신은 어떻게 답하겠습니까?

욥 22:2-5, 시 130:3, 시 3:9-20

4. 하나님을 사랑하며 살기를 소망하는 그리스도인으로서, 당신이 일생에서 꿈꾸는 '선행'이 있다면, 그것은 무엇입니까? 당신은 왜 그것을 하고 싶어합니까?

제17장
성도의 견인에 관하여

01

하나님께서 그의 사랑하시는 독생자 안에서 받아 주시고 그의 성령을 통하여 효과적으로 부르시고 성결케 하신 신자들은, 전적(全的)으로 또는 최종적으로 은혜의 상태로부터 떨어져 나갈 수 없다. 그들은 마지막 날까지 확실하게 보존되어 영원히 구원받을 것이다.[1]

02

이러한 성도의 견인은 신자 자신의 자유의지에 달려 있는 것이 아니라, 성부 하나님께서 자유롭게 베푸신 변함없는 사랑으로부터 나오는 예정의 불변성과[2] 예수 그리스도의 공로 및 중보의 효력에[3] 달려 있는 것이다.

또한, 성도의 견인은 성령의 내주하심과 그들 속에 있는 하나님의 씨(생명)로 말미암은 것이요,[4] 은혜 언약의 본질에 달려 있는 것인데,[5] 이 모든 것으로부터 견인의 확실성과 무오성에 기인한다.[6]

---

1 빌 1:6; 벧후 1:10; 요 10:28-29; 요일 3:9; 벧전 1:5, 9
2 딤후 2:18-19; 렘 31:3
3 히 10:10, 14; 히 13:20-21; 히 9:12-15; 롬 8:33-39; 요 17:11, 24; 눅 22:32; 히 7:25
4 요 14:16-17; 요일 2:27; 요일 3:9
5 렘 32:40
6 요 10:28; 살후 3:3; 요일 2:19

그럼에도 불구하고, 신자들은 사단과 세상의 시험을 당하고 부패의 요소가 그들 안에 남아 있어서, 자신들을 보존하는 은혜의 방편들을 무시함으로써 중한 죄에 빠질 수 있다.[7]

그리하여 한동안 그 죄 가운데 거하기도 하고,[8] 그로 인해 하나님의 진노를 사며,[9] 성령을 근심케 하고,[10] 자신들을 향한 은혜와 위로를 어느 정도 빼앗기게 된다.[11]

또한 죄로 인해 그들의 마음이 강퍅하게 되고,[12] 그들의 양심이 상처를 받으며,[13] 다른 이들을 해치거나 마음의 상처를 줌으로써[14] 그로 인한 심판(죄책)을 초래한다.[15]

---

7 마 26:70, 72, 74
8 시 51:14
9 사 64:5, 7, 9; 삼하 11:27
10 엡 4:30
11 시 51:8, 10, 12; 계 2:4; 아 5:2-4, 6
12 사 63:17; 막 6:52; 막 16:14
13 시 32:3-4; 시 51:8
14 삼하 12:14
15 시 89:31-32; 고전 11:32

제17장
성도의 견인
(Of the Perseverance of the Saints)

소요리문답 [WCF 27장 '성례론'(91-97문답)으로 이어질 때까지 (대)소요리문답 없음]

> "참 신자는 어떤 경우에라도 믿음으로 얻은 구원으로부터 탈락될 수 없다."는 견인 교리의 진술이 당신에게 주는 특별한 의미가 있다면 무엇인가요?
> 이 말을 들을 때 당신의 마음은 어떻게 느끼고 있나요?

1. 1항을 읽고 '성도의 견인' 교리를 나 자신의 말로 정리해 보세요.
   이 교리의 성경적 근거가 무엇인지 아래의 성경 말씀들을 통해 찾아보세요.

   롬 8:28-30; 히 9:11-15; 히 10:10-14; 엡 1:3-10

2. 2항에 따르면, 하나님의 예정에 의존되어 있는 성도(신자들)의 견인은 네 가지 기반을 가집니다. 빈칸을 채우고 본문의 의미를 설명해 보세요.

   (1) 하나님의 주권적 (   )(   )
   요 3:10-21; 롬 8:33-39

   (2) 성자 예수님의 (   )(   )(   )
   히 9:11-15; 롬 3:20-28

   (3) (   )(   ) 하나님의 내주(內住)
   요 14:16-17; 요일 3:9

   (4) 은혜(   )(   )의 성격
   렘 31:31-33; 히 7:22; 히 8:6-13

3. 3항을 참조하여 신자가 죄에 빠지는 세 가지 이유를 찾아보세요. 이때 – 신자의 범죄가 '구원으로부터의 탈락'을 가져오지는 않는다 하더라도 – 우리가 짓는 '자범죄'의 결과는 무엇인가요?

시 32편, 51편; 엡 4:30

(1) 범죄의 3 원인

(2) 자범죄의 결과

4. 내가 비교적 '쉽게 넘어지는 죄'를 이기기 위해 '승리 전략'을 세워 보세요.

제18장
은혜와 구원의 확신에 관하여

01

위선자들과 중생하지 못한 자들이 하나님의 은총과 구원의 상태에 있는 줄로 잘못 알고 거짓된 기대와 억측으로 스스로를 속일지라도,[1] 그들이 가진 헛된 소망은 곧 사라지고 만다.[2]
그러나 진실로 주 예수를 믿는 이들과 신실하게 주님을 사랑하며 모든 선한 양심을 가지고 주 앞에서 행하고자 힘쓰는 신자들은,
자신들이 이 세상에서 은혜(구원)의 상태에 있음을 확신할 수 있다.[3]
그들은 하나님의 영광을 소망하는 가운데 즐거워할 터이니, 이 소망은 결코 그들을 부끄럽게 하지 않을 것이다.[4]

02

이 확신은 그릇된 기대에 근거한 단순한 추측이나 그럴듯한 신념이 아니라,[5] 구원의 약속들에 대한 신적 진리 위에 세워졌기에 오류가 없는 믿음의 확신이다.[6]

---

1 욥 8:13-14; 미 3:11
2 마 7:22-23
3 요일 2:3; 요일 3:14, 18-19, 21, 24; 요일 5:13
4 롬 5:2, 5
5 히 6:11, 19
6 히 6:17-18

이러한 구원의 확신은 구원에 대한 약속들이 낳은 은혜의 내적
증거 위에,[7] 그리고 우리의 영과 더불어 우리가 하나님의 자녀임을
증거하시는 양자의 영의 증언 위에 세워진 확신이다.[8] 우리 기업의
보증이신 이 양자의 영으로 우리는 구속의 날까지 인(印)치심을 받는다.[9]

05

이러한 확신은 믿음의 본질에 속한 것은 아니어서, 참 신자라 하더라도
이 확신에 참여하는 자가 되기까지 오랜 시간 동안의 갈등과 많은
난관에 부딪히는 과정을 지나기도 한다.[10] 그러나 하나님께서 신자에게
값없이 주신 것들을 알 수 있도록 도우시는 성령을 힘입어, 신자는
특별한 계시 없이도 통상적인 방편들을 바르게 사용함으로써 확신에
도달할 수 있다.[11]

그러므로 모든 신자에게는 부르심과 택하심을 굳게 하도록 성실하게
진력할 의무가 있으며,[12] 그로 인해 그의 마음은 성령 안에서 평강과
희락으로 넘치게 되고, 하나님을 향한 사랑과 감사가 커지며, 순종의
의무에 대한 열심과 기쁨이 충만해진다.[13] 이것들은 확신에서 나오는
당연한 열매들인데, 이 확신을 가지고 있는 신자는 결코 방탕한 생활에
빠져들지 않는다.[14]

---

7 벧후 1:4-5, 10-11; 요일 2:3; 요일 3:14; 고후 1:12
8 롬 8:15-16
9 엡 1:13-14; 엡 4:30; 고후 1:21-22
10 요일 5:13; 사 50:10; 막 9:24; 시 88편; 시 77:1-12
11 고전 2:12; 요일 4:13; 히 6:11-12; 엡 3:17-19
12 벧후 1:10
13 롬 5:1-2, 5; 롬 14:17; 롬 15:13; 엡 1:3-4; 시 4:6-7; 시 119:32
14 요일 2:1-2; 롬 6:1-2; 딛 2:11-12, 14; 고후 7:1; 롬 8:1, 12; 요일 3:2-3; 시 130:4; 요일 1:6-7

구원의 확신을 가진 참 신자들도 여러 모양으로 흔들리며, 그의 확신이 약해지고 일시적으로 중단될 수도 있다. 확신을 보존하는 일에 게을리 한다든지, 양심을 다치게 하고 성령을 근심케 하는 특별한 죄에 빠져 있다든지, 갑작스럽고 강렬한 시험에 의하여 하나님의 얼굴빛이 거두어질 때, 그를 경외하는 사람일지라도 흑암 중에 걸으며 빛을 보지 못함으로 인해 그 같은 일이 발생한다.[15]

그러나 그들에게는 하나님의 씨와 생명력 넘치는 믿음, 그리스도와 형제들에 대한 사랑, 신실한 마음과 영적 의무에 대한 양심이 전적으로 결여되어 있는 것은 아니기 때문에, 이 확신은 성령의 역사하심에 의하여 적당한 때에 다시 회복된다.[16] 또한 절망적인 그 과정에서조차 견뎌 낼 수 있는 힘을 공급받게 된다.[17]

---

15 아 5:2-3, 6; 시 51:8, 12, 14; 엡 4:30-31; 시 77:1-10; 마 26:69-72; 시 31:22; 시 88편; 사 50:10
16 요일 3:9; 눅 22:32; 욥 13:15; 시 73:15; 시 51:8, 12; 사 50:10
17 미 7:7-9; 렘 32:40; 사 54:7-10; 시 22:1; 시 88편

제18장
은혜와 구원의 확신
(Of the Assurance of Grace and Salvation)

> 당신은 평소 "구원의 확신을 가져야 한다."는 말을 들을 때 어떤 생각을 하곤 했나요? 당신에게 구원의 확신이 있다면 어떤 근거에서 그러한지, 구원의 확신이 없다면 그 이유가 무엇인지 생각해 보세요.

1. '중생하지 못한 자들'(교회에 출석하지만 실제적인 불신자들)도 잘못된 구원의 확신을 가질 수 있습니다(1항). 그렇다면 성경은, 신자가 자신이 받은 구원을 확신할 3가지 근거를 무엇이라고 말하고 있습니까? (제1,2항)

   "너희는 믿음 안에 있는가 너희 자신을 시험하고 너희 자신을 확증하라. 예수 그리스도께서 너희 안에 계신 줄을 너희가 스스로 알지 못하느냐? 그렇지 않으면 너희는 버림받은 자니라" (고후 13:5)

   (1) 예수님에 대한 믿음
      요 3:16; 행 16:31; 요일 5:13

   (2) 하나님께 대한 사랑
      롬 8:28; 벧전 1:8-9

(3) 중생한 '속사람'의 증거
  롬 7:25-8:4; 요일 2:1-6; 요일 3:18-24

(4) 하나님의 자녀 됨을 인식
  롬 8:12-17; 갈 4:4-7

2. 그럼에도 불구하고, '구원의 확신'은 신앙의 본질에 속한 것이 아니라고 말합니다(3항). 참 신자라도 아직 구원의 확신이 없거나 흔들릴 때, 그는 무엇을, 어떻게 해야 한다고 권고받고 있나요? 또, 구원의 확신이 주는 유익은 무엇인가요?(고후 7:1; 롬 5:1-8; 벧후 1:10)

  * 3항에서 말하는 바, 신자가 확신에 이르도록 도와주는 '통상적인 방편들'은 말씀과 기도와 성례를 의미합니다.

3. 4항에 의하면, 그리스도인이 신앙 여정 중에 (완전히 소멸되지는 않지만) '구원의 확신'이 약해지는 이유는 무엇인가요? 이렇듯, '확신의 결여'로 힘들어하는 나 자신을, 또는 다른 지체들을 당신은 어떻게 도와야 할까요?

제19장
하나님의 율법에 관하여

01

하나님께서는 아담에게 한 율법을 행위 언약으로 주셨는데, 그 율법을 통해 아담과 그의 모든 후손들이 개인적으로, 온전하게, 그리고 영구적으로 순종할 의무가 있게 하셨다.

하나님은 그 율법을 성취하면 생명을 주기로 약속하시고, 그것을 어기면 사망이 임할 것이라 경고하셨으며, 또한 율법을 지킬 수 있는 힘과 능력을 그에게 부여하셨다.[1]

02

이 율법은 아담이 타락한 후에도 계속해서 의에 대한 완전한 규범이 되게 하셨는데, 하나님이 시내산에서 두 돌판에 새겨 주신 십계명이 바로 그 규범(율법)이다.[2]

제1-4계명은 하나님을 향한 우리의 본분을, 나머지 여섯 계명들은 사람에 대한 우리의 본분을 담고 있다.[3]

---

1 창 1:26-27; 창 2:17, 롬 2:14-15; 롬 10:5; 롬 5:12, 19; 갈 3:10, 12; 전 7:29; 욥 28:28
2 약 1:25; 약 2:8, 10-12; 롬 13:8-9; 신 5:32; 신 10:4; 출 34:1
3 마 22:37-40

03

일반적으로 도덕법이라고 부르는 이 율법(십계명) 외에도, 하나님은 아직 미숙한 교회인 이스라엘 백성에게 의식법(儀式法)을 주셨다. 의식법은 여러 가지 예배와 그리스도에 관한 예표적인 말씀들(그의 은혜와 행위들 및 고난과 유익들)을 계시하고 있으며[4], 도덕적 의무에 대한 다양한 지침들도 포함하고 있는데,[5] 이 모든 의식법은 지금 신약 시대에서는 폐지되었다.[6]

04

하나님께서는 하나의 정치적 집단인 이스라엘 백성에게 사법적 율법도 주셨다. 그러나 그것은 그 백성의 국가와 함께 시효가 만료되었기 때문에 일반적인 정당성 외에는 더 이상 지켜야 할 의무가 없다.[7]

05

도덕법은 의롭다 함을 받은 신자들이나 불신자 모두에게 영원한 구속력이 있으므로 순종해야 한다.[8] 이는 율법 안에 포함된 내용과 관련해서만이 아니라 그 율법을 주신 창조주 하나님의 권위 때문이다.[9] 그리스도께서도 복음 안에서 율법의 어느 것도 폐하지 않으셨고, 오히려 순종의 의무를 강조하셨다.[10]

---

4 히 9장; 히 10:1; 갈 4:1-3; 골 2:17
5 고전 5:7; 고후 6:17; 유 23
6 골 2:14, 16-17; 단 9:27; 엡 2:15-16
7 출 21장; 출 22:1-29; 창 49:10; 벧전 2:13-14; 마 5:17, 38-39; 고전 9:8-10
8 롬 13:8-10; 엡 6:2; 요일 2:3-4, 7-8
9 약 2:10-11
10 마 5:17-19; 약 2:8; 롬 3:31

06

참 신자들은 행위 언약으로서의 율법 아래 있지 않기에, 그것으로 인해 의롭다 함을 받거나 정죄를 받지 않는다.[11] 그럴지라도 이 율법은 신자들과 불신자 모두에게 매우 유용하다. 왜냐하면 율법이 생활의 규범으로서 하나님의 뜻에 합당한 사람의 의무가 무엇인지를 알려 주며, 그에 따라 생활하도록 인도하고 강제하기 때문이다.[12]

또한 이 율법은 그들의 본성과 마음과 생활이 죄악으로 오염되어 있음을 깨닫게 하고,[13] 그로 인해 자신을 돌아보아 죄에 대하여 각성하고 겸손해져서 죄를 증오하기에 이르게 하며,[14] 그렇게 됨으로써 그리스도와 그의 완전한 순종이 자신에게 절실하게 필요하다는 것을 깨닫게 한다.[15]

아울러 이 율법은 중생한 자들에게도 그들의 부패를 억제하며 죄를 금하게 하기 때문에 유용하다.[16]

율법의 경고는, 비록 중생한 신자들이 율법의 저주로부터 해방되었다 할지라도, 그들이 지은 죄로 인하여 마땅히 받아야 하는 죄책이 무엇인지, 현세의 삶 속에서 어떠한 고통이 기대되는지를 잘 보여 준다.[17]

한편, 율법의 약속들도 같은 방식으로, 그들에게 율법에 대한 순종을 하나님이 얼마나 기뻐하시며 그 율법을 행함으로 기대되는 복이 어떤

---

11 롬 6:14; 갈 2:16; 갈 3:13; 갈 4:4-5; 행 13:39; 롬 8:1
12 롬 7:12, 22, 25; 시 119:4-6; 고전 7:19; 갈 5:14, 16, 18-23
13 롬 7:7; 롬 3:20
14 약 1:23-25; 롬 7:9, 14, 24
15 갈 3:24; 롬 7:24-25; 롬 8:3-4
16 약 2:11; 시 119:101, 104, 128
17 스 9:13-14; 시 89:30-34

것인지를 밝히 보여 준다.[18]

물론 이것은 행위 언약에 따라 주어지는 것은 아니며,[19] 다만, 사람이 선을 행하고 악을 삼가는 것은 율법이 선을 권장하고 악을 그치라고 말하기 때문이다.

그러나 이것이 신약 성도가 은혜 아래 있지 않고 율법 아래 있다는 증거는 아니다.[20]

앞서 언급한 율법의 용도는 복음의 은혜와 상충되지 않고 오히려 잘 조화된다.[21]

그리스도의 영은 율법 안에 계시된 하나님의 뜻을 따라 순종해야 할 의무를 자유롭고 즐겁게 행하도록 신자의 의지를 도우신다.[22]

---

18 레 26:1-14; 고후 6:16; 엡 6:2-3; 시 37:11; 마 5:5; 시 19:11
19 갈 2:16; 눅 17:10
20 롬 6:12, 14; 벧전 3:8-12; 시 34:12-16; 히 7:28-29
21 갈 3:21
22 겔 36:27; 히 8:10; 렘 31:33

제19장
하나님의 율법
(Of the Law of God)

> **소요리문답** (WCF 27장 '성례론'[91-97문]으로 이어질 때까지 소요리문답 없음)
>
> 소요리문답은 칭의, 성화론에 이어서 십계명과 율법 문제(39-85문)를 다루고 있다.

> 모세오경에 실린 모든 구약의 율법 조항들은 이스라엘 백성들의 사회(공동체) 생활의 규범을 다루는 '시민법', 그들의 신앙과 죄 문제와 관련한 '의식법'(제사법), 또한 하나님과 사람에 대한 올바른 도리를 규정한 '도덕법'(십계명)으로 나누어진다. 본 장의 주요 내용인즉, 구약 율법 중에서 오늘날 신자들이 계속해서 순종해야 할 것은 '도덕법'이라는 사실과 함께, 율법은 여전히 우리에게 유익하고 유용하다는 것이다.

1. 1-2항에 의하면, 하나님과 사람 사이의 '은혜 언약' 속에서 자기 백성 이스라엘에게 처음으로 '율법'(십계명)이 주어졌는데, 두 가지 대의(大義)가 무엇인가요?

   출 20장; 신 5장; 마 5:17-20; 마 22:37-40

   ----

2. 신약 시대에 폐지된 두 종류의 율법, 즉 '의식법'(제사법, 레위기 1-5장 외)과 '시민법'(사회법)의 의의에 대해 3-4항에서 말하는 바는 무엇인가요?

   롬 3:25; 히 9:1-10:7

3. 5-7항에 의하면, 오늘날 신자들이 율법(십계명)을 순종해야 할 이유는 무엇인지 몇 가지로 정리해 보십시오.

   마 5:13-48; 롬 3:31

   (1) 율법 자체가 가진 (   )로운 성격 때문에.

   (2) 율법을 주신 하나님의 권위를 (   )(   )하는 의미에서.

   (3) 율법을 순종함이 주는 (   )(   ) 때문에   ❶ 죄를 깨닫고 극복하도록 도움
   　　　　　　　　　　　　　　　　　　　　　　　　　❷ 순종할 때 하나님의 복이 임함.

4. '산상수훈'에 나타나는 예수님의 가르침(마 5:13-48)을 보면, 주님께서는 구약의 율법을 -폐기한 것이 아니라- 율법의 정신을 좀 더 철저하게 재해석하면서, 교회와 신자들의 적극적 순종을 요청하고 있음을 깨닫게 됩니다. 그렇다면, 당신에게 있어 가장 순종하기 '어려운 계명'은 무엇인지, 왜 그렇게 어렵게 되었는지, 그 해결책이 무엇일지 곰곰이 생각하면서 주님께 가까이 나아가 '기도하는 하루'의 시간을 가져 보면 어떨까요?

제20장
그리스도인의 자유와 양심의 자유에 관하여

01

그리스도께서 복음 시대의 신자들을 위하여 값 주고 획득하신 자유는 죄책, 심판하시는 하나님의 진노, 도덕법의 저주로부터 해방되는 것이며,[1] 현재의 악한 세상과 사탄의 속박과 죄의 지배로부터 건짐을 받는 것이고,[2] 고통과 죽음과 좌절 및 영원한 저주로부터 자유롭게 되는 것이다.[3] 또한 이 자유는 신자들이 하나님께 자유롭게 나아가는 것과, 노예의 두려움이 아니라 어린 자녀로서의 사랑과 즐겨하는 마음으로 하나님께 순종하는 것이다.[4]

이 모든 것은 율법 시대의 신자들에게도 있었던 것이지만,[5] 신약 시대 그리스도인의 자유는 더욱 확대되어 구약 시대 유대인의 교회가 복종했던 의식법의 멍에로부터 해방된 자유이다.[6] 그리하여 이제 참 신자는 은혜의 보좌 앞에 담대히 나아가게 되었고,[7] 성령과의 자유로운 교통을 율법 시대의 신자들보다 훨씬 더 충만히 누리게 되었다.[8]

---

1 딛 2:14; 살전 1:10; 갈 3:13
2 갈 1:4; 골 1:13; 행 26:18; 롬 6:14
3 롬 8:28; 시 119:71; 고전 15:54–57; 롬 8:1
4 롬 5:1–2; 롬 8:14–15; 요일 4:18
5 갈 3:9, 14
6 갈 4:1–3, 6–7; 갈 5:1; 행 15:10–11
7 히 4:14, 16; 히 10:19–22
8 요 7:38–39; 고후 3:13, 17–18

02

하나님만이 양심의 주인이시다.[9] 그분은 신앙이나 예배에 관한 일에 있어서 자신의 말씀에 조금이라도 위배되는 인간적인 교훈과 계명들로부터 양심을 해방시키셨다.[10]

그러므로 거짓 교리들을 믿거나 순종하는 것은 참된 양심의 자유에 반하는 것이며,[11] 신자에게 무조건적인 맹신과 맹종을 요구하는 것은 양심과 이성의 자유를 파괴하는 것이다.[12]

03

그리스도인의 자유를 구실로 삼아 죄를 범하거나 정욕을 품는 것은 그리스도인의 자유의 목적을 파괴하는 것이다. 신자에게 주어진 자유의 목적은 그가 원수들의 손에서 건짐을 받아 평생토록 두려움 없이 주님 앞에서 거룩하고 의롭게 주님을 섬기는 데 있다.[13]

04

하나님께서 정하신 국가 권력과 그리스도께서 값 주고 사신 신자의 자유는 서로 충돌하고 파괴하는 것이 아니라 상호 간에 서로를 인정하여 보존하도록 하나님 자신에 의해 의도되었다. 그러므로, 국가적인 것이든 교회적인 것이든, 그리스도인의 자유를 구실로 합법적인 권세와 정당한 법 집행을 거부하는 것은 하나님께서 정하신 법에 저항하는 것이다.[14]

---

9 약 4:12; 롬 14:4
10 행 4:19; 행 5:29; 고전 7:23; 마 23:8-10; 고후 1:24; 마 15:9
11 골 2:20, 22-23; 갈 1:10; 갈 2:4-5; 갈 5:1
12 롬 10:17; 롬 14:23; 사 8:20; 행 17:11; 요 4:22; 호 5:11; 계 13:12, 16-17; 렘 8:9
13 갈 5:13; 벧전 2:16; 벤후 2:19; 요 8:34; 눅 1:74-75
14 마 12:25; 벧전 2:13-14, 16; 롬 13:1-8; 히 13:17

따라서, 신앙과 예배 및 시민 생활에 관하여 본성의 빛이나 기독교의 일반 원리나 정당한 통치에 반대되는 견해들을 공개적으로 발표하거나 그러한 행위를 지속적으로 행사하는 경우, 그리고 그러한 그릇된 견해나 행동이 본질적으로나 방법론적인 측면에서 그리스도께서 교회 안에 세우신 외적 평화와 질서를 파괴하는 경우, 이렇게 행하는 자들은 교회법이나 시민법에 의해서 소환을 받아 문책당하거나 고소당하는 것이 마땅하다.[15]

---

15 롬 1:32; 고전 5:1, 5, 11, 13; 요이 1:10-11; 살후 3:14; 딤전 6:3-5; 딛 1:10-13; 딛 3:10; 마 18:15-17; 딤전 1:19-20; 계 2:2, 14-15, 20; 계 3:9; 신 13:6-12; 롬 13:3-4; 스 7:23, 25-28; 계 17:12-17; 느 13:15-17, 21-30; 왕하 23:5-9, 20-21; 대하 15:12-13, 16; 대하 34:33; 단 3:29; 딤전 2:2; 사 49:23; 슥 13:2-3

제20장
그리스도인의 자유와 양심의 자유
(Of Christian Liberty and Liberty of Conscience)

"그리스도께서 우리를 자유롭게 하시려고 자유를 주셨으니, 그러므로 굳건하게 서서 다시는 종의 멍에를 메지 말라." (갈 5:1)

당신이 신자로서 "나는 참 자유롭다."라고 느끼는 때는 언제입니까? 그러한 자유가 당신에게 소중한 이유는 무엇이라고 생각하나요?

_____

_____

_____

1. 그리스도인의 자유에 포함되는 네 가지 영역이 무엇인지 1항을 읽고 정리해 보세요.

   (1) 하나님의 진노와 (   )(   )의 저주로부터의 자유
       갈 3:13-14; 갈 4:4-7

   (2) (   )와 (   )의 속박으로부터의 자유
       골 1:13; 엡 2:1-5

   (3) 하나님께 나아가 (   )(   )할 자유
       롬 3:21-31; 갈 5:1

   (4) 인간적 종교와 '(   )본질'적인 문제로부터의 자유
       고전 10:23-33; 고후 3:17

2. 신앙과 예배의 문제에 있어서 (   )(   )에 상반되거나 벗어나는 것은 그에 대한 맹목적인 복종을 거절할 수 있는 '(   )(   )의 자유'를 주셨다는 것이다(2항). 또한 어떤 죄를 상습적으로 범하는 것은, 하나님을 자유로이 섬기도록 하기 위해 주신 '그리스도인의 (   )(   )'의 목적을 파괴하는 것이다(3항).

3. 4항에 의하면, 그리스도인의 자유를 행사하는 것이 사회의 선량한 관습이나 법률에 위배될 때 신자는 어떻게 해야 합니까? 동시에, 사회법이나 문화적 관습이 본성적 양심과 하나님의 말씀에 위배된다면 우리는 어떻게 해야 하는지, 로마서 13장 1-7절을 읽고 대답해 봅시다.

4. 오늘날 우리가 하나님의 '의'와 '복음'을 위해 거슬러야 할 우리 사회의 가치관이나 관습, 또는 법률이나 규칙이 있다면, 그것들은 무엇일까요?

(국가의) 다스리는 자들은 (신자가 하나님의 뜻을 따라 행하는) 선한 일에 대하여 두려움이 되지 않고 악한 일에 대하여 되나니, 네가 권세를 두려워하지 아니하려느냐? 선을 행하라. 그리하면 그에게 칭찬을 받으리라(롬 13:3).

제21장
예배와 안식일에 관하여

01

본성의 빛은 만물의 통치권과 지배권을 가지신 하나님이 존재하신다는 사실을 보여 준다. 그분은 선하시며 만물에게 선을 행하신다. 그러므로 인간은 마음과 목숨과 힘을 다하여 그분을 경외하며 사랑하며 찬양하며 간구하며 신뢰하고 섬겨야만 한다.[1] 그러나 참되신 하나님을 예배하는 합당한 방식은 하나님 자신이 제정하신 것이라야 하며, 따라서 그분이 계시하신 뜻에 의해 한정된다.

그러므로 사람들이 상상하여 창작하거나, 또는 사탄의 제안에 따라 가시적인 형상들을 사용하는 등 성경에 명시되어 있지 않은 방식으로 예배해서는 안 된다.[2]

02

예배는 성부 성자 성령 하나님께, 곧 하나님 한 분께만 드려져야 하며,[3] 천사들이나 사람들이나 다른 어떤 피조물에게 예배해서는 안 된다.[4] 아담의 타락 이후에는 중보자 없이 예배할 수 없으며, 오직 그리스도

---

1 롬 1:20; 행 17:24; 시 119:68; 렘 10:7; 시 31:23; 시 18:3; 롬 10:12; 시 62:8; 수 24:14; 막 12:33
2 신 12:32; 마 15:9; 행 17:25; 마 4:9-10; 신 4:15-20; 출 20:4-6; 골 2:23
3 마 4:10; 요 5:23; 고후 13:14
4 골 2:18; 계 19:10; 롬 1:25

이외의 어떤 중보로도 예배할 수 없다.[5]

03

감사함으로 드리는 기도는 예배의 특별한 요소인데,[6] 이것은 하나님께서 모든 사람에게 요구하신 것이다.[7] 아들의 이름으로 성령의 도움을 입어 하나님의 뜻을 따라서 분별력과 경외심, 겸손과 열심, 믿음과 사랑, 그리고 인내심을 가지고 드려지는 기도를 하나님은 받아 주신다. 만일 소리 내어 기도할 때는 알아들을 수 있는 말로 해야 한다.[8]

04

기도는 합법적인 것들과[9] 생존한 이들과 장차 태어날 자들을 위해서 하되,[10] 죽은 자들이나 사망에 이르는 죄를 범한 자로 알려진 자들을 위해서는 기도하지 말아야 한다.[11]

05

하나님을 예배하는 합당한 요소들은 다음과 같다. 경건한 마음으로 성경을 읽는 것,[12] 건전한 설교,[13] 하나님께 복종하는 자세로 분별력과

---

5 요 14:6; 딤전 2:5; 엡 2:18; 골 3:17
6 빌 4:6
7 시 65:2
8 요 14:13-14; 벧전 2:5; 롬 8:26; 요일 5:14; 시 47:7; 전 5:1-2; 히 12:28; 창 18:27; 약 5:16; 1:6-7; 막 11:24; 마 6:12, 14-15; 골 4:2; 엡 6:18; 고전 14:14
9 요일 5:14
10 딤전 2:1-2; 요 17:20; 삼하 7:29; 룻 4:12
11 삼하 12:21-23; 눅 16:25-26; 계 14:13; 요일 5:16
12 행 15:21; 계 1:3
13 딤후 4:2

믿음과 경외심을 가지고 말씀(설교)을 듣는 것,[14] 은혜로운 마음으로 시편을 찬양하는 것,[15] 그리스도에 의해서 제정된 성례를 올바르게 거행하고 합당하게 받는 것 등이다.[16] 이외에도, 종교적인 맹세와[17] 서약,[18] 엄숙한 금식과[19] 특별한 감사[20]는 적당한 시기에 거룩하고 경건한 방식으로 실행해야 한다.[21]

06

복음 시대에는 기도나 예배의 그 어떤 요소라도 행해지는 장소에 얽매이지 않는다. 예배가 열납되기에 더 나은 장소가 있는 것이 아니므로 특별한 곳을 찾을 필요가 없다.[22]

그러므로 우리는 모든 장소에서 성령과 진리로 하나님을 예배해야 한다.[23] 각 가정에서,[24] 그리고 개인적으로 매일[25] 은밀한 중에 예배할 것이며,[26] 공예배는 더욱 엄숙하게 집행되어야 한다. 하나님께서 말씀이나 섭리를 통해 기도하고 예배하도록 요구하실 때, 경솔하게 무시하거나 고의적으로 저버리면 안 된다.[27]

---

14 약 1:22; 행 10:33; 마 13:19; 히 4:2; 사 66:2
15 골 3:16; 엡 5:19; 약 5:13
16 마 28:19; 고전 11:23-29; 행 2:42
17 신 6:13; 느 10:29
18 사 19:21; 전 5:4-5
19 욜 2:12; 에 4:16; 마 9:15; 고전 7:5
20 시 107; 에 7:5
21 히 12:28
22 요 4:21
23 말 1:11; 딤전 2:8; 요 4:23-24
24 렘 10:25; 신 6:6-7; 욥 1:5; 삼하 6:18, 20; 벧전 3:7; 행 10:2
25 마 6:11
26 마 6:6; 엡 6:18
27 사 56:6-7; 히 10:25; 잠 1:20-24; 8:34; 행 13:42; 눅 4:16; 행 2:42

일반적으로, 하나님을 예배하기 위해 일정한 시간을 구별하여 정하는 것은 자연 법칙에 합당한 것이다. 하나님께서도 말씀을 통하여 모든 시대 모든 사람에게 이레 중 하루를 특별한 안식일로 규정하시고, 긍정적이고 도덕적이며 영구적인 계명으로 삼으심으로써 거룩하게 지키도록 명하셨다.[28]

이 안식일이 창세로부터 그리스도의 부활까지는 한 주간의 마지막 날이었으나, 그리스도의 부활 이후로는 한 주간의 첫날로 바뀌었다. 성경에서는 이 날을 주일(주님의 날)이라 부른다.[29] 주일은 세상 끝 날까지 그리스도인의 안식일로 지켜져야 한다.[30]

08

그러므로 이 안식일(주일)은 주님께로 구별되어 거룩하게 지켜져야 한다. 이를 위해 그리스도인들은 그들의 심령에 합당한 준비를 하고, 일상적인 일들은 미리 잘 정돈해 두어야 한다.

자신의 모든 일정과 세속의 일들과 오락에 관한 생각으로부터 떠나 온종일 거룩하게 안식해야 한다.[31]

또한 주일의 전체 시간을 공예배와 사적(私的) 예배에 사용하되, 불가피한 일들과 자비를 베푸는 일들은 허용된다.[32]

---

28   출 20:8, 10-11; 사 56:2, 4, 6-7
29   창 2:2-3; 고전 16:1-2; 행 20:7; 계 1:10
30   출 20:8, 10; 마 5:17-18
31   출 20:8; 출 16:23, 25-26, 29-30; 출 31:15-17; 사 58:13; 느 13:15-22
32   사 58:13; 마 12:1-13

제21장
예배와 안식일
(Of Religious Worship and the Sabbath day)

"아버지께 참되게 예배하는 자들은 영(성령)과 진리로 예배할 때가 오나니, 곧 이때라. 아버지께서는 자기에게 이렇게 예배하는 자들을 찾으시느니라" (요 4:23)

> 우리 교회의 예배에서 당신이 좋게 생각하는 부분이 있다면 무엇인가요? 또, 지금까지 지내 오면서 '주일'이 당신에게 주었던 유익은 무엇인가요? 7-8항을 다시 한번 읽으면서 생각해 보세요.

1. 1-2항에 따르면, 기독교 예배의 세 가지 기반은 무엇인가요?

    (1) _____ (2) _____ (3) _____

    [1항] 본성의 빛은 하나님이 (   )(   )하신다는 사실을 보여 준다. 그러므로 우리는 그분을 높이고 섬기며 예배해야 한다. 또한, 참되신 하나님을 예배하는 합당한 (   )(   )은 하나님 자신에 의해 제정된 것이기에 (   )(   )에 명시되어 있지 않은 방식으로 예배해서는 안 된다.
    롬 1:20; 막 12:33; 신 12:32; 마 4:10

    [2항] 인간의 타락 이후, (   )(   )(   )가 없이는 하나님께 예배를 드릴 수 없다. 그러므로 신자는 오직 (   )(   ) 그리스도를 통해서만 하나님을 예배한다.
    요 5:23; 14:6; 엡 2:18; 딤전 2:5

2. 3-4항에 나타나 있는 바와 같이, 기도에 대한 개혁 교회의 가르침을 요약해 봅시다. 기도에 관한 가르침 중에서 당신에게 특별히 중요하게 받아들여지는 것은 무엇입니까?

3. 기도와 함께 예배의 구성 요소에는 어떤 것들이 있는지 5항을 통해 살펴봅시다. 그중에서 하나님의 말씀과 관련된 네 가지 '구성 요소'는 무엇인가요? 또한, 설교를 통해 전달되는 하나님의 말씀을 '듣는 태도'는 어떠해야 하는지 생각해 보세요.

   (1) 예배의 구성

   (2) 설교 말씀을 듣는 태도

4. 6항을 읽은 후에 예배자로서 나의 다짐과 결단을 기록해 보세요.

제22장
합법적인 맹세와 서원에 관하여

01

합법적인 맹세는 예배의 한 요소이다.[1] 맹세는 맹세하는 사람이 자신의 정당한 주장이나 약속에 대하여 하나님께서 증인이 되어 주시도록 요청하는 것이며, 또한 자신이 맹세하는 바의 진위 여부를 판단해 주시도록 하나님께 탄원하는 것이다.[2]

02

우리는 하나님의 이름으로만 맹세해야 한다. 맹세자는 거룩한 두려움과 경외함으로 그분의 이름을 사용해야 한다.[3] 그러므로 그 영광스럽고 두려운 하나님의 이름을 걸고서 그릇되고 경솔하게 맹세하거나, 하나님 외에 다른 무엇으로 맹세하는 것은 악하고 가증스러운 일이다.[4] 구약에서와 마찬가지로 신약에서도 중요하고 시의적절한 사안들에 대한 맹세는 하나님 말씀에 의해 보증되어 있다.[5] 따라서 합법적인 권력이나 권위자에 의해 요구되는 맹세는 행사되는 것이 마땅하다.[6]

---

1 신 10:20
2 출 20:7; 레 19:12; 고후 1:23; 대하 6:22-23
3 신 6:13
4 출 20:7; 렘 5:7; 마 5:34, 37; 약 5:12
5 히 6:16; 고후 1:23; 사 65:16
6 왕상 8:31; 느 13:25; 스 10:5

03

맹세하는 자는 맹세가 매우 엄중한 행위임을 진지하게 고려해야 하며, 따라서 진실하다고 확신하는 것 외에는 아무것도 공언해서는 안 된다.[7]

맹세하는 자는 선하고 정당한 것, 그리고 그렇게 믿어지는 것, 자신이 행할 능력이 있거나 이행하기로 결심한 것 외에는 어떤 것도 맹세하지 말아야 한다.[8] 그러나 합법적인 권위에 의하여 부여된 선하고 정당한 것에 대한 맹세를 거절하는 것 또한 죄이다.[9]

04

맹세는 얼버무리거나 애매모호하지 않게, 평이하고 상식적인 말로 해야 한다.[10] 맹세가 죄를 짓게 하는 것이 되어서는 안 되며, 죄가 되지 않는 것을 맹세했을 때는, 맹세한 자에게 손해가 된다고 하더라도 반드시 이행해야 한다.[11] 비록 이단자들이나 불신자들에게 맹세한 것일지라도 어기지 말아야 한다.[12]

05

서원도 맹세와 마찬가지로 약속의 성격을 가진 것이므로, 서원을 할 때는 경건한 주의를 기울여 신실하게 행해야 한다.[13]

---

7 출 20:7; 렘 4:2
8 창 24:2-3, 5-6, 8-9
9 민 5:19, 21; 느 5:12; 출 22:7-11
10 렘 4:2; 시 24:4
11 삼상 25:22, 32-34; 시 15:4
12 겔 17:16, 18-19; 수 9:18-19; 삼하 21:1
13 사 19:21; 전 5:4-6; 시 61:8; 시 66:13-14

06

서원은 어떤 피조물에게 하는 것이 아니라 오직 하나님께만 하는 것이다.¹⁴

하나님께서 기쁘게 받으시는 서원은 자원하는 마음과 믿음으로 하는 것이며, 또한 우리가 받은 은혜에 감사하고 원하던 것을 얻었음으로 인하여 양심적인 의무감으로 하는 것이다.

이러한 서원을 통해 우리는 마땅히 수행해야 할 의무에 우리 자신을 한층 더 엄격하게 적용시키게 된다.¹⁵

07

그 누구라도 하나님의 말씀이 금하고 있는 것을 서원해서는 안 된다. 말씀에 명령된 것들을 수행하지 못하게 하는 것이나, 자신의 능력 밖의 것이나, 그 서원을 이행함에 있어서 하나님께로부터 아무런 약속과 능력을 얻지 못한 것에 대하여 서원해서는 안 된다.¹⁶

이러한 점에서 비추어 볼 때, 평생 청빈한 독신자로서 정형화된 수도사적 삶을 함부로 약속하는 교황주의자들의 서원은, 완전하게 지켜낼 수 없는 미신적이고 죄악된 올가미이다.

그러므로 그리스도인은 그런 것들에 얽매일 필요가 없다.¹⁷

---

14 시 76:11; 렘 44:25-26
15 신 23:21-23; 시 50:14; 창 28:20-22; 삼상 1:11; 시 66:13-14; 시 132:2-5
16 행 23:12, 14; 막 6:26; 민 30:5, 8, 12-13
17 마 19:11-12; 고전 7:2, 9; 엡 4:28; 벧전 4:2; 고전 7:23

제22장
합법적 맹세와 서원
(Of Lawful Oaths and Vows)

> "내가 내 목숨을 걸고 하나님을 불러 증언하시게 하노니, 내가 다시 고린도에 가지 아니한 것은 너희를 아끼려 함이라 (고후 1:23)

당신은 어떤 억울한 상황을 당하고서 당신의 이름을 걸고 맹세해 본 적이나, 맹세라도 하고 싶었던 적이 있었나요? 사람들은(나는) 어떤 경우에 맹세의 말을 하고 싶어질까요?

1. 1-3항을 다시 읽어 보십시오. "맹세하지 말라"(마 5:34)는 주님의 말씀에도 불구하고, 신앙고백서는 "합당한 맹세는 신령한 예배의 일부"(1항)라고 가르치고 있습니다. 그렇다면, 우리가 반드시 맹세해야 할 때와 맹세를 거절해야 할 때는 언제인가요? (2-3항)

2. "네 하나님 여호와를 경외하고 그를 섬기며 그의 이름으로 맹세할지니라"(신 6:13)고
   하는 율법에도 불구하고 예수님께서 "맹세하지 말라"고 하신 깊은 뜻은 무엇일까요?
   사도 바울은 왜 고린도교회 사람들 앞에서 그토록 심각한 어조로 맹세의 말을
   했을까요(고후 1:23)?

3. "서원도 (   )(   )와 동일한 약속의 성격을 가지므로 성실하게 서약하고 이행해야
   한다."(5항) 그리고 "서원은 오직 (   )(   )(   )께만 하는 감사의 표현"(6항)이다.
   그렇다면, 이러한 서원을 할 때 '주의해야 할 점'은 무엇인가요? (7항)

4. 당신이 하나님께 감사한 일이 있어서 그와 관련하여 서원하고 싶은 어떤 내용이
   있다면, 그 서원하는 것과 그 서원을 갚는 것이 주는 특별한 '유익'은 무엇일지 생각해
   봅시다.

제23장
국가 위정자에 관하여

01

온 세상의 주(主)이시며 왕이신 하나님은 자신의 영광과 공공의 유익을 위해 백성들을 다스릴 위정자(공직자)들을 자기 밑에 세우시고, 그 목적을 위해 그들에게 무력(武力)을 허용하셨다.

이는 선을 행하는 이들은 보호하고 격려하며, 악을 행한 자들은 징벌하기 위함이다.[1]

02

그리스도인이 공직자로 임명되었을 때, 맡은 공직을 수행하는 것은 적법하다.[2] 그 공직을 수행함에 있어서 위정자는 특별히 나라의 건전한 법률에 따라 경건과 공의와 평화를 유지하도록 힘써야 한다.[3]

이러한 목적을 위하는 것이라면, 지금 신약 시대에도 필요한 경우 전쟁을 일으키는 것 역시 정당하며 합법적이다.[4]

---

1 롬 13:1-4; 벧전 2:13-14
2 잠 8:15-16; 롬 13:1-4
3 시 2:10-12; 딤전 2:2; 시 82:3-4; 삼하 23:3; 벧전 2:13
4 눅 3:14; 롬 13:4; 마 8:9-10; 행 10:1-2; 계 17:14, 16

03

위정자는 공적으로 설교하거나 성례를 집행하는 일을 할 수 없고, 천국 열쇠의 권세를 자기의 것으로 취해서도 안 된다.[5] 반면에, 그는 권위를 가지고서 교회 안에 연합과 평화가 유지되도록, 하나님의 진리가 온전히 순결하게 보존되도록, 모든 신성 모독과 이단들을 억제하여 예배와 권징에 있어서 모든 부패와 남용을 방지하고 개혁되도록, 그리고 하나님이 정하신 모든 규례가 정당하게 집행되고 지켜지도록 명하고 다스릴 의무를 갖고 있다.[6] 보다 효과적인 임무 수행을 위하여 그는 총회를 소집할 수 있는 권한이 있으며, 또한 총회에 참여하여 하나님의 마음을 따라 사안들을 정당하게 처리하도록 조치할 권한을 가진다.[7]

위 3항의 위정자의 권한과 관련하여, 현재 미국 장로교회가 수정하여 채택한 것을 대부분의 한국 장로교회도 함께 채택하고 있다. 다음은 **수정하여 채택한 3항**이다.

3항. 위정자는 말씀(설교)과 성례를 집행하거나[8] 천국 열쇠의 권세를 자기들의 것으로 취해서는 안 된다.[9] 또한 그들은 신앙의 문제에 대하여 조금이라도 간섭할 수 없다. 그렇지만 위정자는 자녀를 양육하는 아버지처럼 참된 (정통)교회를 보호할 의무가 있으며, 어떤 특정한 교파를 우대함이 없이 모든 교파가 공통으로 섬기는 주님의 교회를 보호하여 모든 교직자들이 폭력이나 위험에 방치됨이 없이 자기들의 성스러운 직무를 자유롭게 수행하도록 할 의무를 가지고 있다. 예수 그리스도께서 자기의 교회 안에 일정한 정치와 권징을 제정하여 주셨으므로, 어떤 참된 교회든지 그 회원들이 자신의 신앙고백을 따라 정당한 정치와 권징을 행사하는 경우에 세속 정부의 어떤 법률로도 간섭하거나 방해해서는 안 된다. 국가 위정자들은 국민의 신체와 인격 및 명예를 보호하여 어떤 사람도 신앙과 불신앙을 구실로 하여 다른 사람에게 모욕적인 언동이나 폭력이나 학대나 명예 훼손을 행하지 아니하도록 해야 하며, 또한 명령을 발하여 모든 정당한 종교 집회들이 훼방이나 소란이 없이 개회되도록 보호할 의무가 있다.[10]

---

5 대하 26:18; 마 18:17; 마 16:19; 고전 12:28-29; 엡 4:11-12; 고전 4:1-2; 롬 10:15; 히 5:4
6 사 49:23; 시 122:9; 스 7:23, 25-28; 레 24:16; 신 13:5-6, 12; 왕하 18:4; 대상 13:1-9; 왕하 23:1-26; 대하 34:33; 대하 15:12-13
7 대하 19:8-11; 대하 29-30장; 마 2:4-5
8 대하 26:18
9 마 16:19; 요 18:36
10 삼하 23:3; 딤전 2:1-2; 롬 13:4

위정자들을 위해 기도하고,[11] 그들의 인격을 존중하며,[12] 조세와 그 밖의 공과금을 납부하고,[13] 그들의 합법적인 명령에 순종하며, 양심을 위하여 그들의 권위에 복종하는 것은 모든 신자가 가진 국민으로서의 의무이다.[14]

신앙생활을 하지 않거나 종교가 다르다는 이유로 그 위정자의 정당하고 적법한 권위를 인정하지 않거나 순종하지 않아도 되는 것은 아니며,[15] 이는 교회의 직책을 맡은 자라 해도 예외가 아니다.[16]

따라서, 교황은 위정자들의 통치와 일반 시민들에 대한 어떤 권한이나 사법권을 가지고 있지 않다. 교회가 위정자(공직자)들을 이단으로 정죄하거나 다른 어떤 명분을 내세운다 하더라도, 그들의 통치권이나 생명을 빼앗을 권한은 없다.[17]

---

11 딤전 2:1-2
12 벧전 2:17
13 롬 13:6-7
14 롬 13:5; 딛 3:1
15 벧전 2:13-16
16 롬 13:1; 왕상 2:35; 행 25:9-11; 벧후 2:1, 10-11; 유 8-11
17 살후 2:4; 계 13:15-17

제23장
국가 위정자
(Of Civil Magistrate)

"각 사람은 위에 있는 권세들에게 복종하라. 모든 권세는 다 하나님께서 정하신 바라. 다스리는 자들은 선한 일에 대하여 두려움이 되지 않고 악한 일에 대하여 되나니, 그는 하나님의 사역자가 되어 네게 선을 베푸는 자니라" (롬 13:1-4)

> "우리 하나님께서 만왕의 왕으로서 전 세계의 모든 나라의 위정자들을 친히 세우시고 폐하신다."(1항. 롬 13:1)라는 사실을 당신은 어떻게 이해하며 받아들이고 있나요? 이와 관련해서 우리는 그리스도인으로서 국가 제반 정치 문제에 대해 어떤 태도를 가져야 할까요?

1. 1항에 의하면, 하나님께서 한 국가에 '위정자'(Civil Magistrate)를 세우시는 두 가지 목적과 그 목적을 이루어 가는 방식은 무엇인가요? 또 2-3항은 그리스도인의 정치 참여에 관하여 어떤 메시지를 던져 주고 있나요?

   롬 13:1-7; 잠 8:15-16

2. 현재 한국 교회가 채택하고 있는 3항에서, 교회에 대한 '위정자의 의무'와 관련하여 우리는 정부(위정자)에 무엇을 기대하고 요구할 수 있을까요?

3. 4항에 의하면, 위정자가 불신자이거나 다른 종교를 신봉한다고 해서 교회에 대한 책임과 의무로부터 자유로워지는 것이 아님을 분명히 하고 있습니다. 그렇다면, 국가(위정자)에 대한 교회와 신자의 의무는 무엇이라 규정하고 있나요? 당신은 이러한 교리에 대해 어떻게 생각하나요? 함께 나누어 보세요.

롬 13:6-7; 딤전 2:1-2

제24장
결혼과 이혼에 관하여

01

결혼은 한 남자와 한 여자 사이에 이루어지는 것이다. 한 남자가 동시에 한 사람 이상의 아내를 가지거나, 한 여자가 동시에 한 사람 이상의 남편을 가지는 것은 적법하지 않다.[1]

02

결혼은 한 남편과 한 아내가 상호 돕는 자들이 되도록 정해진 것으로서,[2] 합법적인 방식으로 인류가 증가하고, 거룩한 씨를 통하여 교회가 번성하며,[3] 또한 부정(不淨)을 방지하기 위하여 제정된 것이다.[4]

03

결혼에 응할 수 있는 분별력을 가진 사람은 누구든지 합법적으로 결혼할 수 있다.[5] 그러나 그리스도인은 오직 주 안에서만 결혼해야 할 의무가 있다.[6] 그러므로 참된 개혁 신앙을 고백하는 신자는 불신자나 로마 가톨릭

---

1 창 2:24; 마 19:5-6; 잠 2:17
2 창 2:18
3 말 2:15
4 고전 7:2, 9
5 히 13:4; 딤전 4:3; 고전 7:36-38; 창 24:57-58
6 고전 7:39

신자들 혹은 다른 우상 숭배자들과 결혼해서는 안 된다. 또한 경건한 신자는 생활면에서 노골적으로 사악하거나 저주받을 이단에 빠져 있는 자와 결혼함으로써 무모한 멍에를 메는 일이 없어야 한다.[7]

04

성경 말씀이 금하는 바, 혈족이나 인척 간에 결혼해서는 안 된다.[8] 이와 같이, 근친상간에 해당하는 결혼은 어떤 인간적 법률이나 권력의 동의하에 남편과 아내로서 함께 살고 있다 하더라도, 그 결혼 관계는 적법할 수 없다.[9]

남자는 자기 자신의 가까운 혈족만이 아니라 자기 아내의 친족과도 결혼해서는 안 되며, 여자도 자기 자신의 가까운 혈족이나 자기 남편의 친족과 결혼할 수 없다.[10]

05

약혼한 후에 간음이나 간통이 결혼 전에 발견되면 무흠한 측에서 그 약혼을 파기할 수 있다.[11]

결혼 후 간음한 경우에는 무흠한 측에서의 이혼 소송이 적법하며,[12] 이혼한 후에는, 범죄한 측이 죽은 것과 같기 때문에, 다른 사람과 결혼하는 것은 적법하다.[13]

---

[7] 창 34:14; 출 34:16; 신 7:3-4; 왕상 11:4; 느 13:25-27; 말 2:11-12; 고후 6:14
[8] 레 18장; 고전 5:1; 암 2:7
[9] 막 6:18; 레 18:24-28
[10] 레 20:19-21
[11] 마 1:18-20
[12] 마 5:31-32
[13] 마 19:9; 롬 7:2-3

인간의 마음이 부패한 까닭에 하나님께서 결혼으로 짝지어 주신 것을 부당하게 나누려고 변론하기 쉽다.

그러나 간음 또는 법률(교회법/시민법)로도 제어할 수 없는 고의적인 별거 외에는 그 어떤 것도 이혼을 위한 충분한 사유가 되지 못한다.[14]

이혼을 할 때에는 공적인 법적 절차를 따라야 하며, 관련된 자들의 해당(이혼) 사건을 자신들의 의사나 결정에 의해 자의적으로 처리해서는 안 된다.[15]

---

14 마 19:8-9; 고전 7:15; 마 19:6
15 신 24:1-4

제24장
결혼과 이혼
(Of Marriage and Divorce)

"말씀하시기를, 이러므로 사람이 그 부모를 떠나서 아내에게 합하여 그 둘이 한 몸이 될지니라 하신 것을 읽어 보지 못하였느냐?" (마 19:5; 참조. 창 2:4)

| 당신이 결혼한 사람이라면, 결혼하게 된 동기(이유)는 무엇인가요? 아직 미혼이라면, 당신은 왜 결혼을 하려고 하나요? 또는, 왜 결혼을 하지 않으려고 하나요?

1. 1-2항에 의하면, 기독교적 관점에서 보는 결혼의 '정의'와 '목적'이 무엇인지 살펴보세요.

   창 2:18-24; 마 19:5-6; 고전 7:1-9

   (1) 예배의 구성

   (2) 설교 말씀을 듣는 태도

2. 3-4항을 통해서 볼 때, 성경적 가치에 따른 결혼의 원리 세 가지는,

   (1) 첫째, 신자에게 결혼은 필수가 아니라 (　　)(　　)이다.
   고전 7:1-9, 25-40; 마 19:3-12

   (2) 둘째, 참된 개혁 신앙을 고백하는 그리스도인은 반드시 (　　) 안에서만 결혼해야 한다.
   부득이한 재혼도 마찬가지이다.
   신 7:1-5; 느 13:25-27; 고전 7:39

   (3) 셋째, 신자는 가까운 (　　)(　　)과 결혼해선 안 된다.
   레 18:1-30; 레 20:20

3. 이혼 역시 신자에게 선택의 문제일 수 있는데, 5-6항에 따라 이혼이 가능한 조건은 무엇인가요?
   마 5:27-32; 마 19:3-9; 롬 7:1-2; 고전 7:12-17

4. 제24장을 공부하면서 확인하게 된 성경적 결혼관의 핵심은 무엇이라고 생각하나요? 또한, 당신의 부부관계와 결혼의 친밀함을 생각할 때, 당신 가정의 '장점'을 강화하고 '약점'을 극복하기 위한 '나만의 전략'을 꼼꼼히 적어 보세요.

제25장
교회에 관하여

01

보편적 또는 우주적 교회는 보이지 않는 것으로서(무형 교회), 교회의 머리 되신 그리스도를 중심으로 이전에도 모였고, 지금도 모이고 있으며, 앞으로도 모일 모든 택함받은 사람들로 구성된다.

이 교회는 그리스도의 신부이고, 몸이며, 만물 안에서 만물을 충만하게 하시는 그분의 충만이다.[1]

02

보이는 교회(유형 교회) 역시 복음 아래에서 보편적이고 우주적이다.

이 교회는 전에 율법 아래 있던 것과 같이 한 국가에 한정된 것이 아니라, 전 세계적으로 참 신앙을 고백하는 모든 사람과[2] 그 자녀들로 구성되어 있다.[3]

이 교회는 주 예수 그리스도의 왕국이며,[4] 하나님의 집이요 가족이다.[5] 일반적으로, 이 교회를 떠나서는 구원의 가능성이 없다.[6]

---

1 엡 1:10, 22-23; 엡 5:23, 27, 32; 골 1:18
2 고전 1:2; 고전 12:12-13; 시 2:8; 계 7:9; 롬 15:9-12
3 고전 7:14; 행 2:39; 겔 16:20-21; 롬 11:16; 창 3:15; 창 17:7
4 마 13:47; 사 9:7
5 엡 2:19; 엡 3:15
6 행 2:47

03

그리스도께서는 이 보편적 유형 교회(가견적 교회)에 하나님의 사역자와 그분의 말씀과 규례들을 주셔서 세상 끝 날까지 성도를 모으고 그들을 온전케 하는 일을 하게 하셨다. 주님께서는 약속하신 대로 자신의 임재와 성령을 통해 그 일들을 효과적으로 수행하신다.[7]

04

보편적 교회(무형 교회)는 때로는 더 잘 보이기도 하고 때로는 덜 보이기도 한다.[8] 이 보편적 교회에 속한 개 교회들은 복음 교리를 순수하게 받아들이고 가르치는 여부에 따라, 그리고 규례들의 집행과 공예배를 얼마나 순전하게 시행하는지 여부에 따라 더 순결하기도 하고 덜 순결하기도 하다.[9]

05

하늘 아래 가장 순결한 교회들조차도 혼잡함이 있고 오류를 범하기도 한다.[10] 또 어떤 교회들은 극도로 타락하여 그리스도의 교회가 아니라 사탄의 회당처럼 된다.[11]

그럼에도 불구하고, 지상에는 하나님의 뜻을 따라 하나님을 예배하는 교회가 항상 존재할 것이다.[12]

---

7 고전 12:28; 엡 4:11–13; 마 28:19–20; 사 59:21
8 롬 11:3–4; 계 12:6, 14
9 계 2–3장; 고전 5:6–7
10 고전 13:12; 마 13:24–30, 47
11 계 18:2; 롬 11:18–22
12 마 16:18; 시 72:17; 시 102:28; 마 28:19–20

오직 주 예수 그리스도 외에, 교회의 다른 머리는 없다.[13] 로마 가톨릭의 교황은 어떤 의미로도 교회의 머리가 될 수 없다.

교황은 교회 안에서 그리스도와 하나님과 관계된 모든 것을 반대하고 자신을 높이는 적그리스도이며, 불법의 사람 곧 멸망의 아들이다.[14]

> 미국 장로교회는 6항에 있어서도 "주 예수 그리스도는 교회의 유일한 머리이시다. 그러므로 누구든지 그리스도의 대리자요 교회의 머리라고 자처하는 자의 주장은 비성경적이며, 사실상 아무런 보증도 없고, 주 예수 그리스도를 욕되게 하는 권리 침해이다."라고 수정했다. 현재 대부분의 한국 장로교회 헌법은 이 수정된 조항을 채택하고 있다.

---

13 골 1:18; 엡 1:22
14 마 23:8-10; 살후 2:3-4, 8-9; 계 13:6

제25장
교회
(Of the Church)

"교회는 그리스도의 몸이니, 만물 안에서 만물을 충만하게 하시는 이의 충만이니라" (엡 1:23)

▌ 그간 '교회'를 다니면서, 당신이 생각해 왔던 '좋은 교회'에 대하여 이야기해 보세요.

_____
_____
_____
_____

1. 1-2항과 아래 성경 말씀을 읽고, 무형 교회와 유형 교회에 대해 알아봅시다.

   (1) 무형 교회는 예수 그리스도를 (   )(   )로 하는 그리스도의 (   )(   )이며, 우주적 교회로서 전체 역사를 망라하여 그리스도의 (   )인 신자 전체이다.
   엡 1:9-14; 엡 1:23; 엡 3:10-12; 엡 5:31-32

   (2) 구원의 방주인 유형 교회는 온 세계에 퍼져서 참된 (   )(   )을 고백하는 모든 사람과 그들의 (   )(   )들로 구성된 하나님의 (   )(   )이다.
   고전 1:2; 고전 12:13; 엡 2:19-22; 엡 4:1-16; 엡 5:1-9

2. 3항에 의하면, 그리스도께서 교회에 주신 것 세 가지는 무엇인가요? 또한, 그것들을 주신 목적은 무엇인가요?

   마 28:19-20; 엡 4:11-16

3. 현실 교회는 매우 불완전한 존재일지라도(5항), 변화되고 성숙해질 가능성은 언제나 존재합니다. 따라서 우리는 항상 이를 긍정하고 노력해야 할 것입니다(계 2-3장). 4항에 따르면, 교회의 순수성을 가늠하는 기준이란 무엇인가요?

   요 4:21-24; 엡 4:1-24

4. 우리 개신 교회는 교황을 교회의 수장으로 간주하는 로마 가톨릭 교리를 거부합니다(6항). 왜냐하면 주님만이 교회의 '머리'이시기 때문이지요. 그렇다면, 우리가 교회의 지체로서 주님의 '왕' 되심을 가장 분명하게 고백하는 길은 무엇일까요? 당신의 생각을 정리해 보세요.

제26장
성도의 교통에 관하여

01

모든 성도는 성령과 믿음을 통하여 그들의 머리이신 그리스도께 연합하여 그의 은혜와 고난과 죽음, 부활과 영광 안에서 그리스도와 교제(fellowship)를 갖는다.[1] 또한, 사랑 가운데 서로 연합되어 있는 성도는 각자의 은사와 은혜 안에서 서로 교통(communion)하며,[2] 서로의 유익을 위하여 영육 간에 덕스러운 의무들을 공적 및 사적으로 행해야 한다.[3]

02

참 신앙을 고백하는 성도는 하나님을 예배하는 일, 상호간에 덕을 세우는 데 도움이 되는 신령한 섬김의 일,[4] 그리고 그들 각자의 능력과 필요에 따라 물질로 서로 돕는 일에 있어서 거룩한 교제와 교통을 유지해야 한다.

이러한 성도의 교통은 하나님께서 기회를 제공해 주시는 모든 곳으로, 그리고 주 예수 그리스도의 이름을 부르는 모든 이에게로 확장되어야 한다.[5]

---

1 요일 1:3; 엡 3:16-19; 요 1:16; 엡 2:5-6; 빌 3:10; 롬 6:5-6; 딤후 2:12
2 엡 4:15-16; 고전 12:7; 3:21-23; 골 2:19
3 살전 5:11, 14; 롬 1:11-14; 요일 3:16-18; 갈 6:10
4 히 10:24-25; 행 2:42, 46; 사 2:3; 고전 11:20
5 행 2:44-45; 요일 3:17; 고후 8-9장; 행 11:29-30

03

성도가 누리고 있는 그리스도와의 교통은 그리스도의 신격의 본체에 참여하여 그 일부가 되는 것이 아니며, 어떤 측면에서든 그리스도와 동등하게 되는 것이 아니다.

이 가운데 어느 하나라도 주장하는 것은 불경스러운 신성 모독이다.[6]

또한, 성도로서 상호 간에 갖는 교통도 각자의 재산이나 소유물에 대한 권리를 빼앗거나 침해하는 것이 아니다.[7]

---

6 골 1:18-19; 고전 8:6; 사 42:8; 딤전 6:15-16; 시 45:7; 히 1:8-9
7 출 20:15; 엡 4:28; 행 5:4

제26장
성도의 교통
(Of the Communion of Saints)

"우리가 보고 들은 바를 너희에게도 전함은 너희로 우리와 사귐(fellowship)이 있게 하려 함이라. 우리의 사귐은 아버지와 그의 아들 예수 그리스도와 더불어 누림이라" (요일 1:3)

> 교회에 다니는 우리 모두는 '사도신경'을 통해 "성도가 서로 교통하는 것을 믿는다"고 고백합니다. 그간 교회를 다니면서 이 고백이 나에게 있어 어떠한 실제 모습으로 나타나기를 바라 왔는지 한번 스케치해 보세요.

_____

_____

1. 성경에 의하면, 그리스도를 믿는 우리 각 사람 안에는 주님께서 살고 계십니다(갈 2:20). 1항은 우리 주님과의 연합에 따라 우리가 주님과 교통(교제)하는 영역이 구체적으로 무엇이라고 알려 주나요?

   (1) 모든 신자는 그리스도의 (　)(　), 그분의 (　)(　)과 (　)(　), 또한 주님의 (　)
   (　)의 영광 안에서 주와 함께 사귐이 있다(1항 전반부).

   (2) 그러므로 주님과의 친밀한 사귐 속에 있는 우리는 몇 가지 거룩한 영적 의무를 갖게 된다(제1항 후반부).
   ❶ 요일 1:5-10에 따라, 자신의 (　)를 시인하고 고백하며 주님과의 사귐을 유지할 의무
   ❷ 엡 4:11-16에 따라, 개인적/공동체적으로 (　)(　)을 배우고 지킬 의무
   ❸ 주님의 가르침을 따라서 힘써 (　)(　)할 의무(마 6:9-13)

2. 2항에 의하면, 서로 교통하는 성도는 공동체 안에서 어떤 방식으로 거룩한 교제(fellowship)와 교통(communion)을 유지해야 합니까?

행 2:42-45; 히 10:24-25; 약 2:14-17

(1) _____

(2) _____

(3) _____

(4) _____

3. 3항은 신자가 가지는 하나님과의 사귐, 그리고 신자들 상호 간의 교제에 있어서 야기될 수 있는 오해를 차단하고 있습니다.

   (1) 그리스도와의 사귐이 신자를 주님과 (   )(   )하게 만들지는 않는다.

   (2) 성도의 교통이 다른 형제의 재산권과 소유권을 (   )(   )하지 못한다.

4. '성도의 교통'이라는 주제를 공부하면서, 우리 교회 지체들 사이의 소통과 친밀함을 더해 줄 좋은 '방안'은 무엇일지 생각해 봅시다.

_____

_____

_____

제27장
성례에 관하여

01

성례는 은혜 언약의 거룩한 표요 인침이다.[1] 성례는 하나님에 의해 직접 제정된 것으로서, 그리스도와 그의 은혜들을 나타내며, 그 안에서 우리에게 주어진 유익을 확정하고,[2] 또한 교회에 속한 사람들과 세상에 속한 사람들을 구별해 주며,[3] 교회에 속한 사람들이 그리스도 안에서 하나님의 말씀을 따라 하나님을 예배하는 일에 엄숙하게 참여하게 한다.[4]

02

각각의 성례는 표(sign)와 그 표가 의미하는 것 사이에 영적인 관계, 즉 성례적인 연합이 있다.

성례가 집전될 때, 그 명칭과 효과는 그 성례의 표가 의미하는 것으로부터 나온다.[5]

---

1 롬 4:11; 창 17:7, 10
2 마 28:19; 고전 11:23; 고전 10:16; 고전 11:25-26; 갈 3:17
3 롬 15:8; 출 12:48; 창 34:14
4 롬 6:3-4; 고전 10:16, 21
5 창 17:10; 마 26:27-28; 딛 3:5

03

성례 가운데, 혹은 성례를 통해 나타나는 은혜는 그 성례 안에 있는 어떤 권능 때문에 주어지는 것이 아니다.

성례의 효력은 그것을 집행하는 자의 경건이나 의도가 아니라[6] 성령의 역사하심과 그 성례에 관한 말씀에 의해 결정된다.[7]

성례의 효력을 가져오는 그 말씀에는 성례를 집행하라는 명령과 그 성례를 받는 이들에게 주어지는 은혜에 대한 약속이 포함되어 있다.[8]

04

복음 안에서 우리 주 그리스도에 의해 제정된 성례는 세례와 성찬, 두 가지 뿐이며, 합법적으로 안수받은 말씀 사역자인 목사 외에 어느 누구도 이 성례를 집례하면 안 된다.[9]

05

구약의 성례들이 상징하고 표현하는 영적인 의미는 본질적으로 신약의 성례와 동일하다.[10]

---

[6] 롬 2:28-29; 벧전 3:21
[7] 마 3:11; 고전 12:13
[8] 마 26:27-28; 마 28:19-20
[9] 마 28:19; 고전 11:20, 23; 고전 4:1; 히 5:4
[10] 고전 10:1-4

제28장
세례에 관하여

01

세례는 예수 그리스도께서 제정하신 신약의 성례이다.[1] 세례는 유형 교회의 회원으로 가입시키는 의미만이 아니라,[2] 세례받은 자에게 은혜 언약의 표와 인침이 된다.[3] 또한, 그 당사자가 그리스도와 접붙임을 받으며,[4] 중생하고,[5] 죄 사함을 받으며,[6] 예수 그리스도를 통하여 자신을 하나님께 드려서 새 생명 가운데 행하는 것을 나타내며 확증한다.[7] 그리스도께서 친히 제정하신 이 세례는 세상 끝 날까지 교회 안에서 계속 시행되어야 한다.[8]

02

세례에 사용되는 외적 요소는 물이며, 성부와 성자와 성령의 이름으로, 합법적으로 안수받은 복음 사역자에 의해 집례되어야 한다.[9]

---

1 마 28:19
2 고전 12:13
3 롬 4:11; 골 2:11-12
4 갈 3:27; 롬 6:5
5 딛 3:5
6 막 1:4
7 롬 6:3-4
8 마 28:19-20
9 마 3:11; 요 1:33; 마 28:19-20

03

세례 시에, 수세자를 반드시 물속에 잠기게 할 필요는 없으며, 그의 머리 위에 물을 붓거나 뿌리는 것도 무방하다.[10]

04

세례는 그리스도를 믿고 순종할 것을 고백하는 사람들만이 아니라,[11] 양친 또는 한 쪽 부모가 믿는 경우, 그의 자녀인 유아들도 세례를 받아야 한다.[12]

05

이 세례를 모독하거나 무시하는 것은 큰 죄이다.[13] 그러나 은혜와 구원이 반드시 세례와 불가분하게 결합되어 있는 것은 아니기 때문에, 누구도 세례 없이는 중생이나 구원을 받을 수 없다고 말하거나, 세례를 받은 사람은 의심 없이 다 중생한 자라고 할 수도 없다.[14]

---

10 히 9:10, 19-22; 행 2:41; 행 16:33; 마 7:4
11 마 16:15-16; 행 8:37-38
12 창 17:7, 9-10; 갈 3:9, 14; 골 2:11-12; 행 2:38-39; 롬 4:11-12; 고전 7:14; 마 28:19; 마 10:13-16; 눅 18:15
13 눅 7:30; 출 4:24-26
14 롬 4:11; 행 10:2, 4, 22, 31, 45, 47; 행 8:13, 23

세례의 효력은 세례가 집행되는 그 순간에 꼭 발생하는 것은 아니다.[15] 그럼에도 불구하고, 올바른 세례의 집행을 통하여 약속된 은혜가 주어진다.

뿐만 아니라, 성령에 의하여, 하나님께서 정하신 때에, 하나님 자신의 뜻과 계획에 따라서(그 약속된 은혜에 속한 성인들과 유아들에게), 세례의 효력이 실제로 나타나고 제공된다.[16]

세례는 어떤 사람에게든지 한 번만 베풀어지는 것이다.[17]

---

15 요 3:5, 8
16 갈 3:27; 딛 3:5; 엡 5:25-26; 행 2:38, 41
17 딛 3:5

제27, 28장
성례 & 세례
(Of the Sacraments and of Baptism)

"누구든지 그리스도와 합하기 위하여 세례를 받은 자는 그리스도로 옷 입었느니라" (갈 3:27)

1. 제27장 1항에 의하면, "성례는 (　)(　)언약을 인치신 거룩한 (　)이며 하나님께서 직접 제정하신 것으로서, 그리스도께서 베푸신 (　)(　)들과 우리의 유익(interest)을 표"한다고 설명합니다. 그렇다면, 주님께서 믿는 우리에게 베푸신 '세례'가 표하는 은총들은 무엇, 무엇인가요? 제28장 1항과 아래 주어진 성경 말씀을 읽고 답해 보세요.

   롬 4:11; 갈 3:27

   (1) _____　(2) _____　(3) _____

2. 구약의 성도들은 - 신약 성도인 우리와 마찬가지로 - 홍해를 건널 때에 (　)(　)를 받았고, 광야에서 신령한 식물과 (　)(　)를 마셨다고 성경은 말씀합니다(고전 10:1-4; 제27장 5항). 이러한 성례를 이해함에 있어서 우리가 주의해야 할 점은 무엇인가요? 제27장 3-4항을 참조하세요.

   (1) _____

   (2) _____

   (3) _____

3. 세례는 그리스도께서 제정하신 신약의 성례입니다(마 28:19, 제28장 1항). 그러나 한편, 세례가 구원 여부를 결정하는 절대 요소는 될 수 없다고 제28장 5항에서 확인해 줍니다(제27장 3항 참조). 그럼에도 불구하고, 우리가 교회 안에서 세례를 받아야 하는 이유는 무엇일까요? (제28장 1항, 6항)

고전 12:13; 갈 3:27; 골 2:12

4. "세례는 한 신자가 공동체 안에서 자기 신앙을 공적으로 고백하는 행위"입니다. 세례받은 하나님의 자녀로서 우리가 다짐해야 할 삶의 자세는 무엇일까요? 아래의 성경 말씀을 깊이 묵상하며 되새기도록 합시다(롬 6:4).

"그러므로 우리가 그의 죽으심과 합하여 (　)(　)를 받음으로 그와 (　)(　) 장사되었나니, 이는 아버지의 영광으로 말미암아 그리스도를 죽은 자 가운데서 살리심과 같이 우리로 또한 (　)(　)(　) 가운데서 행하게 하려 함이라"

나의 다짐

제29장
주의 만찬(성찬)에 관하여

01

우리 주 예수께서는 배신당해 잡히시던 날 밤에, 자신의 몸과 피에 관한 성례 곧, 성찬을 제정하여 그의 교회에서 세상 끝 날까지 지키게 하셨다. 이 성찬은 주님께서 자신의 죽음을 통해 희생 제물이 되신 것을 영원히 기념하는 것으로서, 참 신자들에게 그의 희생이 주는 모든 유익을 보증한다.

그들은 성찬에 참예함으로써 주님 안에서 영적으로 양육받고 성장하며, 그들이 마땅히 주님께 해야 할 모든 의무들을 더 잘 수행하게 된다. 성찬은 그리스도와 더불어 갖는 교통과 그분의 신비한 몸의 지체로서 신자들 상호 간에 갖는 교제에 있어, 서로를 하나로 묶어 주는 줄이자 보증이다.[1]

02

이 성찬 예식을 행하는 바로 그 시간에 실제로 그리스도가 그의 아버지께 바쳐지거나 산 자와 죽은 자의 죄 사함을 위하여 희생 제물이 되는 것은 아니다.[2] 다만 이 성찬 예식은 십자가상에서 단번에 자신을 드리신 그리스도의 희생을 기념하는 것이며, 하나님께 드리는 최선의 영적

---

1 고전 11:23-26; 고전 10:16-17, 21; 고전 12:13
2 히 9:22, 25-26, 28

찬미이자 봉헌이다.³

그러므로 미사(mass)라고 불리는 심히 가증스러운 로마 가톨릭의 예전(제사)은, 택자들의 모든 죄를 위한 유일한 '화목 제물'이신 그리스도의 희생 제사의 의의(意義)를 크게 손상시키는 것이다.⁴

03

이 예식을 행함에 있어서, 주 예수께서는 그분의 사역자들을 임명하여 회중들에게 성찬에 관한 그의 말씀을 선포하고 기도하게 하셨다. 또한 떡과 잔을 축복하도록 명하셨으니, 떡과 포도주를 거룩하게 구별하여 사용하도록 하셨으며, 떡과 잔을 취하여 수찬자들에게 나눠 주게 하셨다.⁵
그러나 그 예식에 참여하지 못한 자에게는 성찬의 떡과 음료를 나눠 주지 않도록 하셨다.⁶

04

개인적인 미사나, 사제 혹은 다른 사람에게서 혼자 성찬을 받는 것이나,⁷ 회중들에게 (떡만 주고) 포도주 잔을 나누어 주지 않는 것이나,⁸ 예식에 사용되는 떡과 잔을 숭배하여 높이 치켜들거나 잔을 들고 이리저리 돌아다니거나, 또는 무슨 경건한 용도라도 있는 양 남은 것을 보관하는 기만적인 행태는 성찬 예식의 본질과 이 예식을 제정하신 주님의 뜻에

---

3 고전 11:24-26; 마 26:26-27
4 히 7:23-24, 27; 히 10:11-12, 14, 18
5 마 26:26-28; 막 14:22-24; 눅 22:19-20; 고전 11:23-26
6 행 20:7; 고전 11:20
7 고전 10:16
8 막 14:23; 고전 11:25-29

위배되는 것이다.[9]

성찬의 외적 요소인 떡과 포도주는 그리스도께서 정하신 용도를 위하여 정당하게 구별된 것으로서, 그분의 십자가 죽음과 깊이 관련되어 있다. 그러한 관계는 참되지만, 다만 상징적인 것에 지나지 않는다.

성찬의 요소들은 그것이 상징적으로 나타내는 이름으로 불린다. 즉, 그리스도의 몸과 피로 불리는 것이다.[10] 그렇다고 해도 그것들은 실체와 본질에 있어서 (예식이 행해지기) 전과 다름없이 떡과 포도주일 뿐이다.[11]

사제의 축사, 또는 여타의 방식을 통해서 떡과 포도주의 실체가 그리스도의 몸과 피로 바뀐다고 하는 교리(화체설)는 성경에 모순될 뿐 아니라 일반 상식과 이성에도 어긋나는 것이다.

이러한 교리는 성찬의 본질을 뒤엎는 것이며, 과거로부터 현재에 이르기까지 여러 가지 미신과 조잡한 우상 숭배를 불러일으키고 있다.[12]

성찬을 받기에 합당한 이들이 이 성례의 가견적 요소들(떡과 잔)에

---

9 마 15:9
10 마 16:26-28
11 고전 11:26-28; 마 26:29
12 행 3:21; 고전 11:24-26; 눅 24:6, 39

외형적으로 참여할 때,[13] 내면적으로는 그 먹고 마심이 단순히 물질적으로나 육체적인 것이 아니라 영적인 것으로서, 수찬자의 믿음으로 말미암아 십자가에 못 박히신 그리스도와 그의 죽음에서 오는 모든 은혜를 받으며 먹는 것이다.

그러나 성찬을 받는 그때에 그리스도의 몸과 피가 실제로 떡과 포도주 안에 물질적으로나 신체적으로 함께 있는 것은 아니다. 다만, 그 예식에 참여하는 신자들은 가견적 요소들을 물질적 실체로서 지각함과 동시에, 영적인 차원에서 그들은 믿음을 통해 그리스도의 몸과 피를 실제적으로 인식하게 된다.[14]

08

무지하고 악한 자들이 성찬의 떡과 잔을 받는다고 하더라도, 그가 그 요소들이 의미하는 바를 받는 것은 아니다. 오히려 그들은 그 예식에 헛되이 참여한 것 때문에 그리스도의 몸과 피를 범하는 죄를 지어 영원한 저주를 자초하게 된다.

그러므로 무지하고 불경건한 불신자는 그리스도와의 교통함이 적절하지 않기에, 그들이 주의 만찬 자리에 앉아 있는 것은 심히 부당한 것이다. 그들이 성찬의 자리에 앉아 있는 동안 그리스도를 대적하는 큰 죄를 범하지는 않는다 하더라도, 이 신성한 신비에 참여할 수 없으며,[15] 참여가 허용되어서도 안 된다.[16]

---

13 고전 11:28
14 고전 10:16
15 고전 11:27-29; 고후 6:14-16
16 고전 5:6, 7, 13; 살후 3:6, 14-15; 마 7:6

제29장

성만찬

(Of the Lord's Supper)

"너희가 이를 행하여 나를 기념하라" (눅 22:19)

그간 교회를 다니면서 참여했던 '성찬식' 가운데 가장 인상적이고 기억에 남는 '그때'를 기억할 수 있나요? 그 시간이 당신에게 특별한 이유는 무엇인가요? 또한 '주의 성찬'은 당신에게 어떤 의미인가요?

1. 1항에 의하면, '주의 만찬'은 거기에 참여하는 신자에게 대체할 수 없는 중차대한 의미를 가집니다. 주님과의 관계에서, 그리고 주님의 몸 된 교회의 지체로서 신자 상호 간에 존재하는 의미는 무엇일까요? 아래의 성경 말씀을 잘 읽고 답해 보세요.

고전 12:13; 엡 4:6-16

2. 역사적으로 중세 로마 가톨릭교회가 성찬에 대해 가졌던 오해와 잘못이 무엇인지 2-6항을 통해 확인해 봅시다. 그리고 성찬의 떡과 포도주와 관련해서 로마 가톨릭교회가 주장하는 '화체설'이 거부되어야 하는 이유는 무엇인가요? 눅 22:14-20과 5-6항을 읽고 답해 보세요.

3. 성찬을 받는 신자의 올바른 태도는 "믿음으로 십자가에 못 박히신 그리스도를 사실로 받아들이는 것"입니다(7항). 이런 믿음으로 성찬에 참여하는 우리가 기대할 수 있는 은혜가 무엇인지 7-8항을 읽고 생각해 보세요.

4. 믿음의 공동체로서의 교회가 모일 때마다 행하도록 요구받는 주님의 만찬은 사실상 성찬식은 성도의 교제와 깊은 관련이 있습니다. 초대 교회의 성찬식은 '예식'이기 이전에 '공동 식사'였기 때문입니다(고전 11:17-34). 우리 교회가 이러한 성만찬의 정신을 받들어 성도 간에 교제의 깊이를 더할 수 있는 좋은 '아이디어'를 한 가지씩 제안해 봅시다.

(1) 공동체 수련회

(2) 아웃팅

(3) 소그룹 모임

제30장
교회의 권징에 관하여

01

교회의 왕이시며 머리이신 주 예수께서는 국가 위정자와 구별되는 교회 직원들의 손에 정치(government)를 맡기셨다.[1]

02

교회의 직원들에게는 천국의 열쇠가 맡겨져 있어서, 그들은 죄를 그대로 두거나 면제할 권세를 가지고 있다. 말씀과 권징을 사용하여 회개치 않는 자들에게 천국을 닫기도 하고, 반대로 복음 사역으로 말미암아 참회하는 자들에게는 권징을 해제함으로써 천국을 열기도 한다.[2]

03

교회 권징이 필요한 것은 범죄한 형제들을 바로잡아 다시 얻기 위함이요, 동일한 죄악으로부터 다른 이들을 보호하기 위함이며, 온 덩어리에 퍼져 부패하게 할 누룩을 제거하기 위함이고, 그리스도의 명예와 복음의 거룩한 고백을 옹호하기 위함이며, 악명 높고 완악한 범죄자들에 의해서 하나님의 언약과 그 언약의 인침을 훼손할 경우에 교회에 임할 하나님의

---

[1] 사 9:6-7; 딤전 5:17; 살전 5:12; 행 20:17, 28; 히 13:7, 17, 24; 고전 12:28; 마 28:18-20
[2] 마 16:19; 마 18:17-18; 요 20:21-23; 고후 2:6-8

진노를 막기 위함이다.³

04

이러한 목적을 효과적으로 달성하기 위하여 교회 직원들은 당사자의 범죄와 과실의 성격에 따라서 경고, 일시적인 수찬 정지, 그리고 교회로부터의 출교를 결행해야 한다.⁴

---

3 고전 5장; 딤전 5:20; 딤전 1:20; 마 7:6; 고전 11:27-34; 유 23
4 살전 5:12; 살후 3:6, 14-15; 고전 5:4-5, 13; 마 18:17; 딛 3:10

제30장
교회의 권징
(Of Church Censures)

> "너희를 인도하는 자들에게 순종하고 복종하라. 그들은 너희 영혼을 위하여 경성하기를 자신들이 청산할 자인 것같이 하느니라" (히 13:17)

이번에 '권징'이라는 주제 교리를 읽으면서 어떤 생각을 하게 되었나요? 출석하는 교회의 당회(목사·장로로 구성된 당회)가 교인들의 잘못에 대해 공개적으로 '벌'을 줄 수 있고, 또 필요하다면 그 징벌로서 '출교'할 수도 있다는 이 '신앙고백'에 대해 당신은 어떤 생각을 하게 되었나요?

1. 1항과 2항에 담긴 장로교 정치와 관련한 내용을 짧게 요약해 보십시오. 교인의 죄에 대한 징계의 권한이 '교회 직원'(목사와 장로로 구성된 당회)에게 주어졌다는 교리의 성경적 근거는 무엇인가요? 하나님의 교회에 이러한 '규범'이 왜 필요할까요?

   고전 12:28; 살전 5:12; 딤전 5:17; 히 13:17

2. 3항에 의하면, 권징의 목적은 무엇, 무엇입니까? 그리고 4항에 따라, 교회법이 허용하는 권징의 세 가지 종류는 무엇인가요?

   (1) 권징의 목적

   (2) 권징의 세 종류

3. 장로교회가 채택하고 있는 권징 제도가 주님의 몸 된 교회 공동체에 미치는 선한 영향은 무엇인지, 갈 6:1-5을 참조하여 당신의 생각을 정리해 보세요.

4. 어느 날, 우리 교회에 출석하는 한 집사님이 거액의 회삿돈을 횡령한 혐의로 KBS 9시 뉴스에 나왔다고 상상해 봅시다. 그렇다면 당신은 교인의 한 사람으로서 이 문제를 어떻게 받아들이고 다룰 건가요? 대략적으로 기술해 보십시오.

제31장
대회(총회)와 협의회에 관하여

01

교회가 보다 나은 정치를 하고 건덕(健德)을 세우기 위해서는 일반적으로 대회(synods)와 협의회(councils)라고 불리는 회의들이 있어야 한다.[1]

02

국가 위정자들이 목사들과 이에 준하는 자들로 구성된 회의를 소집하여 종교 문제를 논의하고 조언하는 일을 하는 것은 합법적이다.[2]

그러나, 만약 위정자들이 교회에 대하여 공적인 적대 행위를 한다면, 그리스도의 사역자들은 자신의 직임에 대한 의무에 따라 교회에서 파견된 다른 적합한 사람들과 더불어 단독으로 회의를 소집할 수 있다.[3]

> 본 항 역시 제30장 1항과 모순된다고 하여 1788년 미국 장로회 총회가 개정한 내용은 다음과 같다. (대부분의 한국 장로교회도 미국 장로교회를 따라 개정함.)
>
> 개 교회들의 감독들과 치리자(장로)들에게는 그리스도가 그들에게 부여해 준 직분과 권세로 말미암아 파괴가 아니라 건덕을 위해서 이 같은 회들을 모으고 교회의 유익을 위해 필요하다고 판단될 때마다 소집할 책임이 있다.

---

1 행 15:2, 4, 6
2 대하 19:8-11; 대하 29-30장; 잠 11:14; 사 49:23; 마 2:4-5; 딤전 2:1-2
3 행 15:2, 4, 22-23, 25

03

대회(총회)와 협의회가 다루는 영역은 신앙에 관한 논쟁들과 양심의 문제들을 목회적으로 판단하고, 하나님을 예배하는 더 좋은 규범들과 지침들을 정하며, 잘못된 행정에 대한 고소를 접수하여 사건을 권위 있게 판단하는 등 교회 정치에 속한 문제들이다. 회의들을 통해 결정된 명령이나 결의 사항은, 그것이 하나님의 말씀에 일치하는 한, 말씀에 일치하기 때문만이 아니라 그것을 결정한 회의들에 주어진 권세 때문에 하나님께서 자신의 말씀으로 정하신 규례로 인정되어야 하며, 따라서 경외하고 복종하는 마음으로 받아들여져야 한다.[4]

04

사도 시대 이후, 교회의 모든 회의들(대회/협의회)은 전체 모임이든 개별적 모임이든 오류를 범할 수 있으며, 실제로 많은 오류를 범해 왔다. 그러므로 종교 회의의 결정 사항들은 신앙이나 생활의 신적(절대적) 규범이 될 수는 없으며, 다만 신앙과 생활에 있어서 도움이 되는 것으로 사용되어야 한다.[5]

05

대회와 협의회는 오로지 교회에 관한 사항만을 다루거나 결의해야 하고, 국가와 관련된 시민적인 사안들에 대하여는 간섭하면 안 된다. 다만, 종교 회의는 특별한 경우에 한하여 겸손한 청원의 방식으로, 또는 위정자의 요청이 있는 경우에 한하여 양심껏 조언하는 방식으로 교회 외적 문제를 다룰 수 있다.[6]

---

4 행 15:15, 19, 24, 27-31; 행 16:4; 마 18:17-20
5 엡 2:20; 행 17:11; 고전 2:5; 고후 1:24
6 눅 12:13-14; 요 18:36

제31장
교회의 회의들
(Of Synods and Councils)

> "사도와 장로들이 이 일을 의논하러 모여 많은 변론이 있은 후에 베드로가 일어나 말하되" (행 15:6-7)

교회에 다니면서 우리는 각종 '회의'라는 것을 하게 됩니다.
그런데, 어떤 이들은 교회에 쓸데없는 회의가 너무 많다고 불평하기도 합니다.
교인으로서 나는 '신앙과 회의'의 관계를 어떻게 생각하고 있나요?

"의논이 없으면 경영이 무너지고, 지략이 많으면 경영이 성립하느니라. 경영은 의논함으로 성취하나니, 지략을 베풀고 전쟁할지니라" (잠 15:22; 20:18)

1. 1항에 의하면, 교회에는 '공회'(한 교단에 속한 모든 교회의 대표자들의 회의, 대회 또는 '총회'라고도 불림)나 각종 회의(협의회)가 필요하다고 밝힙니다. 초대 교회에 최초의 '회의'가 열린 이유는 무엇이었나요? (행 15:1-35)

2. 공회를 소집하는 권한은 '그리스도의 사역자들'(안수받은 목사)에게 주어져 있습니다(2항). 이때 3항에 따르자면, 소집된 '공회'에서는 어떤 문제들을 다루게 됩니까?

   (1) 신앙에 관한 (   )(   )들 : 이단의 출현 등의 상황에서 신학적 문제를 다룸.

   (2) (   )(   )의 문제들 : 국가 권력에 의한 교회 핍박이나 정부의 부조리한 요구(예배 전 국민의례 요구) 등의 상황에서 해결책을 강구함.

   (3) 교회 (   )(   )의 문제 : 교회 행정과 예배 규범과 관련한 지침 결정.

   (4) 각종 분쟁 해결을 위한 (   )(   ) : 교회 분쟁 및 불법에 대한 판단과 징벌.

3. "교회 회의(협의회)는 (   )(   )의 가능성이 있으므로 각종 회의의 결정 사항은 신앙의 (   )(   )이 아니라 (   )(   )로 사용해야 한다"(4항). 또한 "공회와 회의들은 (   )(   )적 사건 외에 국가적/사회적 사안은 다룰 수 없고, 필요한 경우 위정자나 정부에 (   )(   )하고 충고할 수 있다"(5항).

4. 교단 차원에서도 공회(총회)와 각종 회의들이 필요하듯, 개 교회에도 회의가 필요한 이유는 목회자와 교우들(지체들) 간에 원활한 소통과 효율적인 교회 사역을 위해 필수적이기 때문일 것입니다. 이런 차원에서, 당신은 우리 교회의 원활한 소통과 효율적 사역을 위해 지금 어떤 대화와 회의가 필요하다고 생각합니까?

제32장
죽음 이후 인간의 상태와
죽은 자들의 부활에 관하여

01

사람의 몸(신체)은 사후에 흙으로 돌아가 썩게 되지만,[1] 죽지 않고 잠들지 않는 본질을 가진 영혼은 사후에 그것을 주신 하나님께로 즉시 돌아간다.[2]

의인의 영혼은 죽는 순간에 완전히 거룩하게 되어 지극히 높은 천국에 들어가 빛과 영광 가운데 하나님의 얼굴을 뵈오며 몸의 완전한 구속을 기다린다.[3] 그러나 사악한 영혼들은 지옥에 던져져 고통과 칠흑 같은 어둠 가운데 거하며 큰 심판의 날까지 갇혀 있게 된다.[4]

이처럼, 육체와 분리된 영혼이 가는 이 두 장소 외에 성경은 다른 아무 곳도 인정하지 않는다.

---

1 창 3:19; 행 13:36
2 눅 23:43; 전 12:7
3 히 12:23; 고후 5:1, 6, 8; 빌 1:23; 행 3:21; 엡 4:10
4 눅 16:23-24; 행 1:25; 유 6-7; 벧전 3:19

02

마지막 날에 살아 있는 자들은 죽지 않고 변화될 것이다.[5] 반면, 이미 죽은 자들은 전과 같은 몸을 받아서 (비록 질적인 면에서는 전과 같지 않을지라도) 다시 살아날 것인데, 그 몸은 영혼과 영원히 결합될 것이다.[6]

03

불의한 자들의 몸은 그리스도의 능력으로 말미암아 다시 살아나서도 굴욕을 당하게 될 것이다. 그러나 의인의 몸은 그리스도의 영으로 말미암아 영광에 이르러 그리스도 자신의 영화로운 몸을 닮게 될 것이다.[7]

---

[5] 살전 4:17; 고전 15:51-52
[6] 욥 19:26-27; 고전 15:42-44
[7] 행 24:15; 요 5:28-29; 고전 15:43; 빌 3:21

제32장
죽음 이후 인간의 상태와 죽은 자의 부활

(Of the State of Men after Death, and of the Resurrection of the Dead)

"흙은 여전히 땅으로 돌아가고 영은 그것을 주신 하나님께로 돌아가기 전에 기억하라" (전 12:7)

동서고금의 인간 문화와 역사를 살펴볼 때, 우리는 사람의 영혼이 불멸한다고 믿고 있는 듯합니다. 당신은 사람의 죽음 이후에 그 영혼이 살아 있음을 믿고 있나요? 그렇다면 그것을 어떻게 확신하게 되었나요?

1. 1항에 의하면, 사람이 죽은 후에 그의 육신과 영혼은 어떻게 되나요?

    전 12:7; 막 9:43-50; 눅 23:43; 고후 5:1-10; 유 6-7

2. 당신은 천국이 있다는 것을 어떻게 믿게 되었나요? 당신은 창조주 하나님께 나아오지 않아서 자기 죄를 용서받지 못한 사람들이 자기 죄에 대한 형벌로 가는 '지옥'이 있다는 사실을 어떤 계기로 믿게 되었나요?

3. 2-3항에 따르면, '마지막 날'(그리스도께서 재림하시고 심판하시는 날)에 지상에 살아 있는 신자들과 불신자들은 결국 어떻게 되나요?

   살전 4:16-17; 고전 15:42-54; 욥 19:26-27

4. "땅에 있는 우리의 장막 집(육체)이 무너지면 하나님께서 지으신 영원한 집(부활과 함께 받은 새로운 몸)이 우리에게 있다"(고후 5:1)는 사도의 말씀은 당신이 지금 인생을 살아가는 데 있어서 어떤 의미가 있다고 생각하나요? 이 주제를 곰곰이 묵상하면서 기도의 시간을 가져 보세요.

제33장
최후의 심판에 관하여

01

하나님께서는 예수 그리스도를 통하여 세상을 의로써 심판하실 날을 정하셨고,¹ 예수 그리스도는 성부 하나님으로부터 모든 심판의 권세를 받으셨다.²

그날에는 타락한 천사들이 심판을 받을 뿐만 아니라,³ 이 땅에서 살던 모든 사람들이 그리스도의 심판대 앞에 서서 자신들의 생각과 말과 행동의 전말이 드러나게 되고, 그들이 선악 간에 행한 것에 따라 보응을 받게 될 것이다.⁴

이 심판의 날을 하나님께서 정하신 목적은 택함받은 자들을 영원히 구원함으로써 그분의 자비와 영광을 나타내기 위함이며, 또한 사악하고 불순종하여 버림받은 자들을 정죄함으로써 그분의 공의의 영광을 나타내기 위함이다.

그때 의인은 영원한 생명에 이르러 주께로부터 오는 충만한 기쁨과

---

1 행 17:31
2 요 5:22, 27
3 고전 6:3; 유 6; 벧후 2:4
4 고후 5:10; 전 12:14; 롬 2:16; 롬 14:10, 12; 마 12:36-37

복락을 누리게 될 것이지만, 하나님을 알지 못하고 주 예수 그리스도의 복음에 순종하지 않은 사악한 불신자들은 영원한 고통 가운데 던져져 주님과 그분의 영광스러운 능력으로부터 오는 영원한 파멸의 벌을 받게 될 것이다.[5]

03

그리스도께서는 장차 심판의 날이 있을 것임을 우리로 하여금 확신케 하셨는데, 이는 모든 사람이 죄를 멀리하고 경건한 신자들이 역경 가운데서도 큰 위로를 받게 하시기 위함이었다.[6]

또한, 주께서 그날이 언제일지 사람들에게 숨기신 것은 모든 자의적인 안전감을 떨쳐 버리고 항상 깨어 있게 하시기 위함인데, 이는 주님께서 언제 다시 오실지 알지 못하므로, 성도는 "주 예수여 오시옵소서, 속히 오시옵소서, 아멘."이라고 말하며 항상 준비할 수 있도록 하시기 위함이었다.[7]

---

5 마 25:31-46; 롬 2:5-6; 롬 9:22-23; 마 25:21; 행 3:19; 살후 1:7-10
6 벧후 3:11, 14; 고후 5:10-11; 살후 1:5-7; 눅 21:27-28; 롬 8:23-25
7 마 24:36, 42-44; 막 13:35-37; 눅 12:35-36; 계 22:20

제33장
최후의 심판
(Of the Last Judgment)

> "또 인자됨으로 말미암아 심판하는 권세를 주셨느니라. 이를 놀랍게 여기지 말라. 무덤 속에 있는 자가 다 인자의 음성을 들을 때가 오나니, 선한 일을 행한 자는 생명의 부활로, 악한 일을 행한 자는 심판의 부활로 나오리라" (요 5:27-29)

'최후의 심판'에 대한 기대는 "아멘, 주 예수여 오시옵소서"(계 22:20)라고 외친 사도 요한 이후, 그리스도인들 사이에서 지난 2천 년 동안 계속되고 있지만, 세상은 지금까지 여전히 잘 돌아가고 있는 듯합니다.
그런데, 우리가 그날을 지금도 기대하고 있어야 하는 이유는 무엇일까요?

1. 아래 주어진 성경 말씀을 함께 읽고 1항의 내용을 요약해 보세요.

    요 5:19-29; 롬 14:10-12; 전 12:14; 계 20:11-15; 계 22:10-17

2. 2항에 의하면, 마지막 심판의 날을 정하신 하나님의 목적은 무엇입니까?

　마 25:31-46; 롬 9:19-24; 살후 1:3-12

3. 3항에 의하면, 하나님은 우리에게 '마지막 날'(그리스도께서 재림하여 심판하시는 날)에 대한 확신을 주시는 분인데, 이러한 확신을 주시는 두 가지 이유는 무엇인가요?
　또, '그날'을 아무도 모르게 하신 하나님의 뜻은 무엇일까요?

　벧후 3:10-14; 마 24:35-44

4. 역사 속에 믿음의 선진들처럼, 우리 역시 예견 불가능한 '그날'을 바라보다 지상에서의 마지막 날을 알지 못한 채 살아가는 신자로서, 당신이 가진 남다른 인생 철학이나 각오를 소개해 보시겠습니까?

모범 답안

여기에 실린 '모범 답안'은 학습자의 고민을 충분하게 해결해 줄 만큼 충분한 내용을 담고 있지는 않습니다. '길을 잃지 않고 최소한의 이해에 이르도록' 돕기 위한 의도로만 주어졌음을 양지해 주십시오. 본 교재가 제시하는 질문들은 공부 잘하는 학생을 찾기 위한 시험 문제들이 아니라, 우리가 믿는 복음에 대한 이해와 우리 자신의 신앙의 요체가 무엇인지 스스로 확인하고 어떻게 삶속에 적용할 것인지를 생각해 보기 위한 질문입니다. 그러므로 꼼꼼히 읽고 스스로 생각하려고 애쓰는 자세가 중요합니다. 사실, 모범 답안은 신앙고백서 안에, 그리고 문제마다 주어진 성경 말씀 안에 이미 나와 있습니다. 먼저는 홀로 생각하는 시간을 갖되, 반드시 여러 지체들과 함께 나누는 시간을 통하여 여러분의 이해를 더 확장해 가면 좋겠습니다.

제1장
성경

> 성경은 하나님을 저자로 하는 신앙과 생활의 유일한 규칙으로서, 진리를 보존하고 사람을 구원하며 교회를 세우기 위한 목적으로 주어진 것이므로 모든 신자는 이 성경을 영혼의 양식으로 삼아야 한다.

1. (1) 모든 사람에게 구원에 이르는 지혜를 제공하며, 신자를 하나님의 사람으로 온전하게 하여 모든 선행의 능력을 구비시킨다.
   (2) 안 먹으면 영혼이 메마르는 '생명의 양식'
   (3) 구원자 예수 그리스도에 대한 정보(지식) 제공.

2. (1) 주후 3세기에 교회가 66권의 책을 정경으로 확정한 것을 6세기에 발흥한 로마 가톨릭주의자들이 달리 주장할 권한은 없다.
   (2) 성경 각 권은 내적으로 그리스도와 복음의 원리를 한결같이 드러내지만, 영감되지 않은 외경과 위경은 각종 오류(행위 구원론 등의 인본주의 논리)를 포함하고 있으므로 정경으로 받아들여질 수 없다.

3. 성경은 삶의 모든 문제에 대한 해결책을 원리적으로 제시하고 있다. 그러므로 성경을 통해 말씀하시는 보혜사 성령을 의지하여 평소 규칙적으로 성경을 묵상하고, 진실되고 구체적인 기도로써 하나님의 인도하심을 겸손히 구한다면, 신자는 성경에서 자신이 찾는 해답을 넉넉히 찾을 수 있다.

4. 성경은 읽는 사람의 마음을 비추는 거울과 같아서 우리의 모든 생각을 통찰한다. 그러므로 신자는 진지한 성경 읽기와 묵상을 통하여 영혼의 힘을 얻고, 하나님의 뜻을 분별하는 지혜를 얻으며, 하나님을 아는 지식과 함께 모든 선한 일을 행할 능력을 공급받는다.

제2장
삼위일체 하나님

> "너희가 전에는 양과 같이 길을 잃었더니, 이제는 너희 영혼의 목자와 감독 되신 이에게 돌아왔느니라" (사도 베드로의 고백, 벧전 2:25)

1. (1) 유일하신 한 분 하나님
   (2) 영원히 살아 계시고 위대하신 하나님
   (3) 영이시며 불변하시는 빛들의 아버지
   (4) 전능하시고 거룩하신 하나님
   (5) 스스로 존재하시는 주권자 하나님
   (6) 은혜롭고 인자하신 사랑의 하나님
   (7) 악을 미워하시는 진실하신 하나님

2. 우리 하나님께서는 인생들이 자신에게로 돌아오기를 원하시므로 자기 영광을 드러내시기를 기뻐하시며, 또한 그 영광을 드러내시는 방식도 자신의 기뻐하시는 뜻을 따라서 하시되, 오직 '말씀'을 사용하여 그렇게 하신다. (벧전 1:23; 2:9)

3. 하나님은 인생이 아니시므로, 여러 모습(성부/성자/성령)으로 우리에게 다가오시고 또 그렇게 느껴질 수 있다. 중요한 것은, 우리의 본성이 인식하는 성부 하나님 외에도 역사상 존재하셨던 예수님, 그리고 신자들의 심령에 내주하시는 성령 하나님을 좀 더 가까이 느끼고 말씀 안에서 확신하는 가운데 교제하기를 힘써야 할 것이다.

제3장
하나님의 작정(예정)

> 예정 교리는 인간의 구원(영생과 영벌)과 관련한 모든 일을 자신의 뜻대로 성취하시는 '구원자'이자 '심판자'로서의 하나님의 주권을 드러내는 교리이다.

1. (1) 하나님 자신의 뜻을 따라 장차 될 일(구원/유기)을 정하신다.
   (2) 미래의 일을 미리 내다보시고 (사람의 선악을 미리 아시고, 그것에 근거하여) 예정한 것은 아니다. 즉 결정론(운명론)은 아니라는 뜻.
   (3) 하나님께서 예정하신 내용은 영생과 영벌(구원/유기)이다.
   (4) 구원(유기)하기로 예정된 사람들의 숫자는 확고하고 불변하다(하나님은 구원 문제에 있어서 주권을 갖고 통치권을 행사하심).

2. (1) 하나님께서는 자신의 영광을 드러내기 위해 택자들을 조건 없이 구원하여 자녀 삼으시고, 그들을 의롭다 하시고(칭의), 다시금 새롭고 거룩하게(성화) 재창조하신다.
   (2) 하나님은 성령으로 택자를 부르시고(중생), 그들이 예수 그리스도를 구주와 주(왕)으로 영접할 수 있도록 말씀(복음)을 통해 '회개와 믿음'의 은혜를 베푸신다.

3. (1) 불택자들이 -믿지 아니하므로- 자신의 죄값으로 하나님의 진로를 사서 영벌에 이르도록 정하신다.
   (2) "하나님이 세상을 이처럼 사랑하사 독생자(예수 그리스도)를 주셨으니" 하늘 아버지께서는 모든 사람이 구원을 받고 진리를 알게 되기를 원하신다.

4. 이 교리는 일차적으로, 신자의 구원의 확신을 위해 주어진 것이라는 사실을 우리는 먼저 기억해야 한다. 또한 이 교리는 불신자들이 오해하는 측면이 많기 때문에 매우 주의 깊게 다루어야 하므로, 우리가 올바로 배워서 복음과 함께 올바로 증거해야 할 것이다.

[보충자료] 예정 교리에 대한 장 칼뱅의 이해

장 칼뱅의 '예정論'
(기독교강요, 제3권 21장)

"주께서 택하시고 가까이 오게 하사 주의 뜰에 살게 하신 사람은 복이 있나이다"(시 65:4).
"찬송하리로다. 하나님 곧 우리 주 예수 그리스도의 아버지께서 그리스도 안에서 하늘에 속한 모든 신령한 복을 우리에게 주시되, 곧 창세 전에 그리스도 안에서 우리를 택하사 그 기쁘신 뜻대로 우리를 예정하사 예수 그리스도로 말미암아 자기의 아들들이 되게 하셨으니"(엡 1:3-6)

1. 예정의 의미와 증거
하나님께서는 그의 영원하고도 변할 수 없는 계획에 따라 구원으로 받아들일 사람들과 멸망에 버려두실(유기) 사람들을 세상을 창조하시기 전에 미리 정하셨다. 구원으로 선택받는 사람들에 관하여는 하나님의 값없이 베푸시는 자비와 은혜에 근거하여, 버려둠을 받는 사람들에 관하여는 하나님의 공의에 따른 죄에 대한 형벌로서 그리하셨다. 이러한 구원 예정의 증거는 하나님의 부르심에 의해 중생한 사람들이 고백하는 그리스도께 대한 믿음이다. (반대로, 유기 예정의 증거는 불신앙이다.)

2. 예정 교리에 대한 반대
많은 사람들이 예정 교리를 이해할 수 없는 문제라고 생각한다. 왜냐하면, 하나님께서 -인간의 행위에 상관없이- 자기 마음대로 어떤 이들은 축복하여 선택하고, 또 어떤 이는 저주하여 버리시는 것이 불합리하며 불공평하다고 느끼기 때문이다. 그러나 하나님의 유기(지옥 형벌을 받도록 버려두심)는 하나님의 불공평의 결과가 아니라 인간 개개인의 자의적 범죄의 결과이며, 그가 구원에 이르지 못하는 것은 하나님께서 제시한 구원의 '길'(그리스도께 대한 믿음)을 거부하였기 때문이다. 따라서 유기의 책임은 전적으로 하나님 앞에 선 단독자(單獨者)인 그 사람에게 있는 것이다. (하나님은 결코 하나님께로 나아오고자 하는 자를 막지 않으시고, 오히려 그를 간절히 기다리신다. 요 3:16; 딤전 2:4).

3. 예정 교리의 필요성과 유익
하나님의 영원한 선택을 알기 전까지는 우리의 구원이 하나님의 주권에 속한 행위로서 구원의 원천이 값없이 베푸시는 은혜라는 사실을 결코 충분히 확신할 수 없을 것이다. 따라서 이 교리를 맛볼 수 없도록 만드는 사람들은 하나님과 사람을 해롭게 한다. 다만, 사람들의 잘못된 호기심(예정에 대한 성경의 진술 이상을 상상하고 누가 구원받았는지, 누가 유기되었는지에 대해 운명론적으로 예단하는 태도) 때문에 이 예정 교리에 대한 논의가 복잡하게 되고 위험하게 되기도 한다. 다시 말해, 하나님의 예정을 '예지'에 종속시키는 것은 어리석은 짓이다(WCF 3장 2항 참조; 예수님도 재림의 때를 자신은 모르고 다만 아버지만 아신다고 말씀하셨다. 막 13:32). 우리가 하나님께 예지가 있다고 말하는 것은, 하나님께서는 미래나 과거의 모든 것이 현재로 나타난다는 뜻이다. (그래서 인성을 취하신 예수님 또한 시공간의 제한 속에서는 '모른다'고 말씀하신 것이다. 성자 하나님께서 모르는 것이 있다니!) 성경은 필요하고 유익한 지식은 하나도 빠뜨리지 않는 동시에 유익하지 않은 것은 아무 것도 가르치지 않는 '성령의 학교'이다. 그러므로 성경에서 예정론에 대해서 밝힌 것을 신자들에게 숨기지 않도록 주의해야 한다(엡 1:3-6). 그러나 예정에 대해서 하나님의 말씀이 알려 주는 것 이외의 것을 알려고 하는 것은 마치 길 없는 사막을 걸어가는 것과 같다. 예정론에 대한 탐구는 하나님의 지혜의 영역으로 들어가는 것임을 기억함으로써 우리는 만유의 주재(왕)이신 하나님의 지혜에 대한 경외심을 견지해야 한다.

4. 예정 교리 전파의 당위성
그러므로 우리는 주님께서 비밀로 그대로 두신 것을 밝히려고 해서는 안 되는 한편, 주님께서 공개하신 것은 감추지 말아야 한다. 예정은 하나님의 영원한 작정(decree, 명령)이기 때문에, 성경이 증거하는 한도 내에서 전달되어야 한다(참조. 로마서 9:6-29).

제4장
창조

> 하나님께 대한 불신앙(창조주에 대한 몰이해), 공교육에 의한 진화론의 영향, 창조에 대한 자연과학적(실험적) 확인의 한계 등.

1. (하)(나)(님) / (만)(물)
   인간 내면의 양심과 보편적 선의지, 인간의 보편적 사악함과 죽음에 대한 두려움, 자연 세계의 아름다움과 우주의 신비로움, '인과응보'의 원리 등 자연법칙의 오묘함.

2. "나는 알기 위해서 믿는다."고 말했던 어느 초대 교회 교부의 말처럼, 창조에 대한 이해는 복음에 대한 믿음과 서로 연결되어 있다. 지금 우리 눈에 보이는 자연계는 '나타난 것'(눈으로 볼 수 있는 물질)으로부터 생성된 것이 아니라 (성경에 기록된 바와 같이) 하나님에 의하여 무(無)로부터 만들어진 것이다.

3. 창조의 목적은 전지전능하시고 선하신 하나님의 영광을 드러내는 데 있다. 그러므로 인공적인 것이 아닌 동물계와 식물계를 통해 우리는 지금도 하나님의 손길을 느낄 수 있다. 그러나 이런 지식은 구원에 이르도록 우리를 하나님께로 이끌지는 못한다. 바로 이것이 우리에게 '복음의 증거'가 필요한 이유이다.

4. 하나님의 인간 창조에 있어서 인상적인 점은, 하나님께서 인간을 불멸의 영혼으로 창조하셨다는 것과 하나님 자신의 형상을 따라 양심을 가진 지혜로운 존재로 인간을 만드셨다는 것이다. 이는 (1)에 의하여 천국과 지옥의 존재를 분명하게 해주면서, 또한 (2)에 의해 사람은 하나님을 알고 그분과 동행할 만한 도덕성과 지성을 갖고 있었다는 것이 명확해진다. 따라서, 사람에게 '선악과 금지 명령'을 주신 이유는, 하나님께서 인간의 자발적인 순종에서 우러나오는 신뢰와 사랑의 관계를 설정하고자 하셨기 때문이다. 그러나 첫 사람 (아담/하와)은 스스로의 자유의지로 불순종하였으며, 결국 타락하고 말았다.

제5장
섭리

> 우리를 창조하신 하나님께서 우리에게 인생을 허락하신 목적을 창세전 예정과 연결하여 생각해 볼 때, 우리가 믿음 안에서 하나님의 사랑을 누리고 하나님과 교제하는 삶의 기회를 주고자(요일 1:5-10) 하심이 아니겠는가!

1. 하나님은 결코 우리의 범죄를 원하시거나 기뻐하지 않으시나, 다만 허용하신다. 이는 우리에 대한 하나님의 슬픔과 인내를 생각하게 만든다(시 50:16-23; 시 103:22).

2. 사람을 죄로 유혹하는 자는 하나님이 아니라, 하나님을 대적하는 마귀이다(창 3장; 욥 1:6-12; 엡 2:1-3). 다만, 하나님은 죄를 심판하시는 주님이시다(왕상 22:20). 인간의 범죄와 타락은 하나님과의 관계 단절의 결과로 나타나고, 이것은 사람이 하나님의 말씀을 무시하고 불순종한 데서 기인한다. 열왕기상 22장 이야기에서 보면, 시드기야 선지자는 하나님의 영이 자신을 떠났다는 사실조차 인지하지 못하고 있는데, 우리는 이것을 '반면교사'로 삼아 깨어 있는 영적 생활, 즉 말씀(성경 읽기, 설교 경청, 성경/교리 공부)과 기도 생활을 통한 하나님과의 교제에 더욱 힘써야 할 것이다.

3. 하나님께서 신자를 잠시 죄와 유혹 가운데 버려두는 것은 그를 하나님의 자녀로서 징계(훈련)하기 위함이다. 이를 통해, 우리 하늘 아버지께서는 자기 자녀들이 속히 돌이켜 영적으로 견고해지기를 바라신다. 죄와 유혹 속에 있는 형제들을 볼 때, 무엇보다 먼저 우리 자신을 돌이켜 보고 겸손한 태도를 취해 배려하고 조심하는 마음을 앞세워야 할 것이다. 그럼에도 불구하고, 성경의 명령을 따라서 필요한 경우(요일 5:16),
   ① 자기 죄를 인정하고 돌이킬 것과
   ② 하나님의 사랑을 여전히 신뢰하고 기도할 것과
   ③ 하나님 앞에 마음을 토로하며 치유받기를 적극적으로 권하며 이끌어 주어야 한다.

4. 그럼에도 불구하고, 우리는 불신자의 구원 유무를 함부로 예단하지 말고, 복음 전도로써 하나님의 은혜로운 부르심을 일깨우는 것이 마땅하다(롬 8:28; 딤전 4:6-11).

제6장
죄와 형벌

> "인간의 타락과 범죄에 대한 하나님의 형벌"과 관련한 교리는 구원 교리에 있어서 핵심적인 위치를 차지한다. 본 교리에 대한 확신의 근거는 이 교리에 관련한 성경 말씀 외에도, 죄의 영향력에 대한 신자의 보편적 경험, (성령) 하나님께서 주시는 사후 세계(천국/지옥)에 대한 직관적 확신 등이 있다.

1. (불)(순)(종) / (법) / (멸)(망) / (단)(절) / (죽)(음) / (심)(판)

2. 현대 사회의 죄 ⋯▶ 가장 현저한 현대 사회의 죄는 무신론과 교만(인간의 자기 숭배), 그리고 여기에서 나오는 모든 자범죄(성적 타락과 인격적 부패)이다(롬 1:18-32).
   해결책 ⋯▶ 이에 대한 해결책은 하나님의 영광(얼굴)을 드러내는 신자의 경건한 삶과 복음 전도라 하겠다.

3. 사람의 모든 죄는 오직 그리스도를 통해 용서받고 극복된다. 그러나 우리로서는 범죄했을 때마다 겸손하게 죄를 인정(고백)하고, 죄를 미워하며 맞서 싸워야 합니다. 이때 하나님께서는 우리에게 죄를 이길 힘을 주시고 죄로부터 자유한 삶으로 이끄십니다.

4. (1) 규칙적인 말씀 묵상과 기도 등 개인 경건에 노력
   (2) 가정 예배의 실천
   (3) 양심에 거리끼는 모든 행위와 습관의 개혁
   (4) 낯선 이웃에게도 친절하기
   (5) 이웃과 복음을 나눌 기회 가지기
   "우리 하나님 여호와께서 우리가 그에게 기도할 때마다 우리에게 가까이 하심과 같이 그 신이 가까이 함을 얻은 큰 나라가 어디 있느냐?"(신 4:7)
   "주께 힘을 얻고 그 마음에 시온의 대로가 있는 자는 복이 있나이다"(시 84:5)

제7장
하나님의 언약

> 3항에 잘 설명되어 있듯이, 하나님은 인간과 은혜의 언약을 맺으셔서 자신을 스스로 구원할 수 없는 사람으로 하여금 그리스도를 믿으라 하시고, 영생 얻도록 예정된 모든 이들에게 성령을 부어 주심으로써 자원하여 믿을 수 있게 하신다(요 3:10-21).

1. 창조주 하나님과 피조물인 인간 사이의 특별한 관계 설정. 사람은 하나님을 경배하고 섬기며 순종함으로써 하나님의 영광을 드러내는 존재로 창조되었음을 알리시기 위해(시 100:1-3).

2. 그리스도는 은혜 언약(더 좋은 언약)의 '보증'이자 '중보자'이시다.

3. (1) 하나님은 먼저 아담과 행위 언약을 맺으셨다. 그러나 사람의 죄(불순종) 때문에 타락한 그들에게 '가죽옷을 지어 입히심'을 통하여 '은혜 언약'을 계시하셨다.
   (2) 하나님은 아담에게 계시하신 은혜 언약을 아브라함을 통해 분명하게 드러내셨는데, 하나님의 주권 선택과 '믿음으로 얻는 구원의 복음'을 계시하셨고, 이어지는 구약 역사에서 '모세 언약'은 구원받은 하나님의 백성들의 생활 양식(율법 순종과 희생 제사, 즉 믿음에 기초한 죄사함)을, '다윗 언약'은 그리스도께서 왕으로 통치하시는 하나님 나라의 영원함을 계시하셨다(삼하 7장).
   (3) '새 언약'은 구약에 계시된 은혜 언약이 예수 그리스도 안에서 성취됨을 의미한다(렘 31-33장). 이 때 예수님의 '새 계명'은 (은혜)언약 백성인 이스라엘에게 주어진 '십계명'과 같다. 그러므로 예수님은 '새 언약'(더 좋은 언약)의 '중보자'라 불리우는 것이다.

제8장
중보자 그리스도 [상]

> 주 예수 그리스도는 십자가를 지신 '구원자'시요, 하나님과 사람 사이의 '중보자'시며, "거기 계시며 말씀하시는" 나의 주, 우리의 하나님이시다.

1. (1) 하나님과 사람 사이의 중보자
   (2) 하나님 = 말씀 = 선지자
   (3) 복음의 전달자, 대제사장, 구원의 창시자(히 2:10)
   (4) 왕(만물의 머리), 교회의 머리
   (5) 하나님의 아들, 인자(심판자)

2. 십자가를 통해 인간의 죄를 대속(대신 속죄)하시고, 택자를 의롭다 하시며 영화롭게 하심. 즉 신자의 구원을 완전하게 성취하신 '구원의 창시자'

3. 주님은 모든 신자들의 삶의 모범(푯대)이시다. 따라서 우리는 성경이 말씀하는 신자의 자기 정체성(하나님의 자녀, 왕 같은 제사장, 하나님과 세상 사이의 중보자)을 분명히 하면서, 우리의 정체성에 어울리는 삶의 목적과 인생의 목표를 설정해야 한다. 따라서 우리의 정체성에 기반한 삶의 목적은 -하나님의 아름다운 덕을 선포하는- 것이 되어야 한다.

4. 성경적 세계관(자기 정체성과 삶의 목적, 인생의 근본 문제와 그 해결책, 이 네 가지 질문에 대한 자기 해답이 한 인간의 '세계관'이라고 한다) 형성은 참된 기독교 신앙의 자연스러운 열매이다. 하나님과의 친밀한 사귐 속에서 우리의 모든 사상(思想) 속에 하나님과 그분의 말씀이 충만하게 하자.

제8장
중보자 그리스도 [하]

> 그리스도의 생애와 복음의 역사성의 근거는 1) 성경 기록의 엄밀성(요 21장), 2) 그리스도의 부활 이후 사도들이 보인 태도의 급변, 3) 성경 기록 당시 생존해 있던 많은 목격자들이 성경의 진정성에 대한 증언자가 됨(고전 15:3-8).

1. (1) [2항] 그리스도의 동정녀 탄생
   (2) [3, 7항] 나사렛 예수의 무죄성과 신적 능력
   (3) [4-6항] 그리스도의 율법 성취와 완전한 중보

2. 성령(진리의 영)을 통한 주님의 통치는 신자로 하여금 말씀을 사모하게 하고, 깨닫게 하며, 순종하게 하는 은혜로 나타나서 지금도 교회와 신자들의 삶 속에서 실현되고 있다. 그러므로 우리 그리스도인은 성경의 권고를 따라서 부지런히 은혜의 방편들(말씀/기도/성례)을 사용함으로써 주님의 은혜에 신실하게 화답하는 신앙생활을 실천해야 할 것이다.

3. 우리는 설교를 들을 때, "하나님께서 지금 나에게 말씀하고 있다."고 느낀 적이 얼마나 자주 있는가? 홀로 성경을 읽고자 하는 충동을 경험하면서, 성경을 묵상하던 중 "아, 이것이 하나님의 음성을 듣는다는 것이구나"라고 고백하게 되지 않는가? 우리는 이러한 주님과의 친밀한 사귐과 하나님의 통치를 더욱 추구해야 한다.

제9장
자유 의지

1. '자유의지'란 -도덕적으로 중립적인 것으로서- 인간 의지의 선천적 자유라 하겠다. 인간은 선을 행할 자유도, 선을 거부하고 악을 행할 자유도 갖고 있었다.

2. 사람이 의지의 자유를 상실하게 된 원인은 첫 사람의 교만과 범죄(하나님께 대한 불순종)이다. 여기에서, 사람이 자유를 상실했다는 것은 그가 '죄로 인해 죽었다'는 의미이기도 하다. 그래서 성경은 영이 죽어 하나님과의 관계가 단절되었던 사람이 '믿음으로 다시 살아났을' 때, 그리스도로 말미암아 '그에게 다시 자유가 주어졌다'고 말씀한 것이다(갈 5:1).

3. 인간은 비록 자의적 도덕성을 여전히 가지고 있다고 할지라도, 그가 하나님께 순종하거나 하나님의 뜻을 행하고자 하는 자연적 의지는 갖고 있지 않다. 이를 볼 때, 사람이 의지의 자유를 상실했다고 규정하는 성경의 판단은 옳다.

4. 우리가 그리스도를 믿고 성령을 받았을 때, 말씀에 부합한 선(하나님의 뜻)을 행할 의지의 자유 또한 신자에게 회복되었다. 그러나 모든 신자는 스스로 악으로 치우치는 죄성도 여전히 갖고 있음을 유의해야 할 것이다.

5. 신자는 자신의 죄성을 극복하고 하나님께 순종하는 믿음의 삶을 풍성하게 영위하기 위하여 '은혜의 방편'(말씀/기도)을 부지런히 사용해야 한다. 또한, 자신이 쉽게 넘어지는 죄가 있다면, 하나님의 긍휼을 구하는 겸손한 태도와 함께 회복된 의지의 자유를 활용하여 절제의 미덕을 쌓아 가야 할 것이다.

제10장
효력있는 부르심

> 하나님의 부르심(Effectual Calling)을 경험한 많은 신자들이 "믿고 싶은 마음이 전에는 없었음에도 불구하고, 우연찮게도 믿게 되는 일이 벌어졌다."는 식으로 고백하곤 하는데, 이를 기독교에서는 '불가항력적인 은혜'라고 칭한다.

1. 성령의 부르심은 부르심받은 사람에게 복음에 대한 이해, 부드러운 마음(회개)이 생겨남, 그리스도께 대한 믿음 등으로 나타난다.

2. 개인의 좋은 성품과 선한 의지, 또는 그간 행한 선행들은 참된 부르심의 원인이 되지 못한다. 성령의 부르심의 유일한 원인은 하나님의 '은혜'뿐이다.

3. 실제적인 한계 때문에 복음을 들을 수 없었던 유아들 가운데 (모든 유아들이 아니라) 택함받은 유아들은 그리스도 안에서 성령을 통해 –신비한 방식으로– 구원받는다. 그러나 복음을 듣고서도 그리스도를 거부하는 자는 그 누구도 구원받지 못하고 영벌에 처해진다.

4. "청함을 받은 자는 많되 택함을 입은 자는 적으니라"(마 22:14).

제11장
칭의

> 칭의에 대한 신자의 확신은 죄에 대한 경각심과 하나님의 자녀라는 확신을 갖게 해줄 뿐만 아니라 매사에 불신자나 무지한 신자들과는 '다른 선택'을 하게 만드는 '동기'로 작용했을 것이다.

1. 하나님께서는 우리 같은 죄인도 '믿음'만을 보시고 받아 주신다. 이때 믿음은 단순히 구원의 도구적 수단으로서만이 아니라, '살아 역사하는 믿음'으로 모든 신자 안에서 기능한다.

2. 칭의는 하나님의 은혜의 행위라고 말하는 것처럼(소요리문답 33문답), 신자는 자신의 의지가 아니라 하나님의 은혜를 따라 자신의 의지력을 넘어서는 믿음에 의한 순종을 기대할 수 있다. 그런데 이때, 이 "믿음에 활력을 불어넣는 것은 기도"라고 종교개혁자 칼빈은 말한다.

3. 스스로 죄를 고백하고 용서를 구하며 죄로부터 돌이킨 새 삶을 결단하고 실천함.

4. 그 근거는 하나님의 선물로 우리에게 주어진 믿음, 즉 '사랑으로써 역사하는 믿음'이다. 믿는 자녀들을 향한 하나님의 은혜는 신자들 안에서 활동하고 있다.

제12장
양자 삼으심

> 마음으로부터 하나님을 '아버지'라 부를 때마다 그분과의 친밀감을 느끼며 정신적/정서적 평안을 누리는 것이야말로 그리스도인의 특권이 아니겠는가!

1. (1) 육신의 부모가 양육과 보호의 의무를 지고 있음같이, 하늘 아버지께서도….
   (아)(버)(지)
   (2) 우리가 모든 상황 속에서 평안을 누릴 수 있는 든든한 기초.
   (보)(호)
   (3) 지금 내가 누리고 있는 모든 것이 나를 위한 하나님의 최고의 은혜.
   (징)(계)
   (4) 자녀들이 경험하는 경건한 두려움 vs. 지옥 형벌에 대한 자연인의 두려움
   (징)(계)
   (5) 현재 이 땅에 임하는 하나님 나라의 축복을 기대하며, 죽음 너머 미래에 임할 천국의 소망이 신자가 기다리는 "의의 소망"이다.
   (유)(업)

2. (1) 성경 말씀 안에서 창조주 하나님이 '나의' 아버지가 되셨다는 사실을 발견하고 확신하게 될 때
   (2) 때때로 하나님을 향해 '아버지'라 부르며 뭐라 설명할 수 없는 뭉클함과 평안이 느껴져 올 때
   (3) 구체적으로 기도하지 못했는데도 응답이 임했을 때 등등.

3. 삶의 위기 속에서도 안전(보호)을 기대하며 기도하게 됨.

제13장
성화

> 우리의 신앙고백 속에서 고백하는 바에 따르면, 신자의 성화는 기계적인 진보나 성장(성숙)의 개념을 말하지는 않는다. 신자는 때때로 죄에 빠져 허덕일 수도 있음을 엄중히 경고하지 않는가! 중요한 것은, 그 어떤 상황 속에서도 주님은 우리를 붙들고 계신다는 것이며, 주님의 은혜는 멈추지 않는다는 사실 앞에서 성도는 위로를 구하고 더욱 겸손히 주와 동행하기를 힘써야 할 것이다.

1. 성화의 은혜에 참여하는 사람은 오직 믿는 그리스도인(유효한 부르심을 받고 중생한 신자들)이다. 성화의 은혜 속에 있는 모든 신자는 성령 안에서, 주님의 부활의 공로를 힘입어 말씀에 순종함으로써 그리스도를 닮아 가게 된다.

2. 신자는 영적 어두움 가운데서도 믿음의 선한 싸움을 계속해야 한다. 우리는 하나님께 나아가 겸손히 무릎꿇고 성령의 도우심을 간구하여 새 힘을 얻는다.

3. (1) 우리의 죄가 우리가 받은 구원의 은혜를 완전히 철회시킬 수는 없음을 믿고서 하나님 앞에 겸손히 엎드림.
   (2) 곤고한 가운데서도 말씀을 가까이 하며 계속 기도함.
   (3) 하나님을 두려워하는 마음으로 죄가 초래할 비참한 결과를 미루어 생각하면서 경계를 삼음.

제14장
구원하는 믿음

1. (1) '믿음'은 죄인을 구원하시는 하나님의 고유 방식('믿음의 은혜')으로서, '삼위 하나님과의 인격적 관계 맺음(의 방식)'으로 정의할 수 있겠다.
   (2) 성령께서 하나님의 은혜를 따라 복음(말씀)에 응답하도록 택자에게 역사하심.
   (3) 은혜의 방편들, 즉 말씀의 사역과 기도와 성례의 집행(세례와 성찬)을 신실하게 실천함으로써 신자는 믿음이 자라고 삶은 더 거룩하여진다.

2. 그렇게 역사하기로 작정하시고 섭리하시는 하나님의 권위와 은혜 때문에 하나님께서 제정하신 '은혜의 방편들'은 말 그대로 은혜의 통로가 되는 것이다.

3. 우리의 믿음이 떨어지고 영적인 침체에 빠지게 되는 근본적 원인은 불신앙과 죄 때문이다. 이처럼, 염려와 두려움, 죄와 죄책감, 삶의 고통과 정서적 침체, 영적 무지가 우리의 믿음을 약화시키곤 한다. 이 때, 우리는 우리를 온전하게 하시는 주님의 십자가를 바라보고, '은혜의 방편들'(말씀/기도)을 계속 사용하여 우리 마음의 소원을 응답하시는 하늘 아버지 하나님께 가까이 나아가야 한다.

제15장
생명 얻는 회개

> 양심이 뜨끔하면서도 왠지 기분은 나쁠 것 같다. 마땅히 그리스도인이라면 그러지 말아야 하지만, 오히려 우리는 양심을 따라 누군가를 통해 들려진 그 따끔한 말을 깊이 생각하고 '말씀' 안에서 정직하게 판단하면서 성령의 인도하심에 순종해야 한다.

1. [1항] 복음적 은혜(회개가 복음적 은혜라는 말의 의미는, 회개는 본질적으로 우리 자신의 능력과 의지로 할 수 있는 것이 아니라는 뜻)
   [2항] 죄에 대한 경고와 함께 하나님께로 돌이킴
   [3항] 회개 없이는 죄사함을 기대할 수 없음

2. 회개는 신앙을 위한 선행 조건일 수밖에 없기 때문에. 복음을 듣는 한 사람이 자신이 죄인이라는 사실을 받아들이지 못한다면, 그가 죄인의 구주로 오신 예수 그리스도를 믿고 영접해야 할 아무 이유도 없지 않겠는가! 그래서 사도 바울은 자신의 복음 전도의 내용이 근본적으로 1) 하나님께 대한 회개와 2) 예수 그리스도께 대한 믿음으로 구성되어 있다고 사도행전 20장에서 증언했다. 다시 말해, 회개와 믿음의 복음이라는 동전의 양면과 같다(3항 참조).

3. 개별적인 죄로부터 구체적으로 돌이키고 회복되기 위해. 우리가 하나님께 올려드리는 회개 기도가 추상적이고 뭉뚱그려 고백하는 것은 참 고백으로 받아들여질 수 없다(잠언 28:13-14).

제16장
선행

> 1) 자신의 구원 문제에만 집착하는 분위기
> 2) 이웃 사랑과 사회 참여보다 교회(봉사) 중심의 신앙생활을 강조
> 3) 한국 교회 특유의 '믿음/행위의 이분법' 때문(이것은 '이신칭의' 교리에 대한 오해에서 빚어지는 경우가 많다. 우리가 믿음으로 구원받는다고 해도 구원받은 이후, 신자에게는 행위가 매우 중요하다는 사실이 강조되어야 한다.)
> 우리 주님께서도 "그들의 열매로 그들을 알리라"(마 7:20)고 하지 않으셨는가?

1. (열)(매) / (증)(거)

    선행은 구원하신 하나님께 대한 감사의 표현으로서 이는 하나님의 말씀에 부합하는 순종의 행위이며, 신자가 하나님을 영화롭게 하는 삶의 방식이다. '선행'은 구원을 가져다 주지는 못하지만, 구원받은 신자가 하나님을 기쁘시게 하는 믿음의 열매라 하겠다.

2. 선행은 성령의 감화로만 가능하고(3항), 그와 함께, 신자의 의무이므로(5항) '선행은 믿음의 필연적인 결과(열매)'라고 한다. 그래서 주님은 "좋은 나무가 좋은 열매를 맺는다"고 하신 것이다(마 7:17). 그러므로 신자는 영적 의무(말씀과 기도 같은 은혜의 방편들)에 힘쓰고 늘 은혜 안에 머물며 선행의 열매를 많이 맺는, 하나님을 영화롭게 하는 삶을 경주함이 축복이다.

3. 인간은 하나님과 무한한 간격을 가진 존재이며(5항), 그의 선행이 악행을 통제하지 못하고, 또한 그 선행이 하나님의 영광을 위한 것이 아니기 때문이다.

4. 당신 자신의 구체적인 선행을 위한 비전과 계획을 생각해 보라. 참고로, 목사와 교인 모두가 공히 '하나님 보시기에 아름다운 교회 세우기'와 함께, 교회를 넘어 이웃을 살리고 구제하며 돕고 함께하는 사랑의 삶.

제17장
성도의 견인

▌ 정말 그럴까? 안도감…. 감사하는 마음…. 아, 이제 정신 차려야지…. 등등.

1. 은혜로운 부르심을 받아서 믿는 모든 사람을 하나님은 의롭다 하시고(사죄), 영화롭게(성화를 거쳐 구원을 완성) 하시기로 약속하시고, 그 언약을 따라 지금도 섭리하고 통치하고 계신다. 그러므로 한번 구원 받은 신자는 그 은혜의 상태로부터 결코 떨어질 수 없다.

2. (사)(랑) ⋯▶ 사람을 사랑하시는 하나님은 자신의 주권적 결단에 의해 인간 구원의 방식을 정하셨으니, 이를 '**구속 경륜**'(The Plan of Salvation)이라 한다.
   (십)(자)(가) ⋯▶ 견인 교리의 중요한 기반은 그리스도의 대속의 죽음과 부활(승천)에 있다.
   (성)(령) ⋯▶ 구원하시는 하나님의 선물인 믿음을 통해 신자 안에 생겨난 새 생명('하나님의 씨')과 성령의 불은 그 어떤 경우에라도 소멸되지 않는다.
   (언)(약) ⋯▶ 하나님의 약속은 취소될 수 없음이 구약의 역사와 신약 성도의 경험 속에서 확인되고 있다.

3. (1) 범죄의 3원인 ⋯▶ 사탄의 유혹, 신자의 죄성, 은혜의 방편(말씀/기도/성례)을 무시하고 사용함에 소홀한 것.
   (2) 자범죄의 결과 ⋯▶ 얼마동안 죄 속에서 지냄 / 하나님의 진노 때문에 성령을 근심케 하여 양심의 안위(평안)을 빼앗김 / 심령이 강퍅해짐 / 관련된 타인에게 상처를 줌 / 인생의 실패와 불행이 닥침.

4. 공부한 교리들을 생각해 보면, 하나님 앞에 정직하게 회개하고, 은혜의 방편들을 부지런히 사용하여 내적 힘을 키우면서, 객관적인 자기 관찰을 통해 죄에 대한 저항력을 강화시킴(자신의 자라난 환경과 성향이 가진 약점을 보완)

제18장
은혜와 구원의 확신

> 대개 초신자 때는 '그게 뭐지?'라는 생각을 하곤 하다가 시간이 지나면서, 성경 말씀과 신앙 경험을 통해 '구원의 확신'을 갖게 된다. 반면에 신자들이 구원을 확신하지 못하는 주된 이유는 불순종의 삶을 지속하게 될 때이다.

1. (1) 새로운 지적(知的) 인식과 의지적 순종으로서의 '그리스도께 대한 믿음'
   (2) 새로운 정서와 의지(하나님의 새 생명)의 발현으로 하나님을 사랑하게 됨.
   (3) 죄에 대한 확신, 하나님의 법에 순종하기를 힘쓰는 삶.
   (4) 주 안에서 자녀된 자로서, 하나님을 '아버지'로 인식하고 부르면서 의지함.

2. 고난 가운데 믿음의 싸움을 계속하면서 말씀, 기도, 성례 등의 은혜의 방편들을 부지런히 사용함으로써 구원의 확신에 이르도록 애쓰는 것이 신자의 의무이다. 이러한 구원의 확신이 주는 유익은 마음이 평안과 기쁨으로 충만해지고, 하나님께 대한 감사와 사랑이 넘치며, 방탕하게 되는 대신에 순종의 능력이 증진되는 것이다.

3. 참 신자라도 때론 삶의 고통으로 신앙 활동에 게을러지고, 어떤 죄에 유혹을 받거나 그 죄에 빠지게 될 때, 구원의 확신이 흔들리기도 한다. 그러므로 모든 그리스도인은 그러한 지체들을 배척하지 말고, 마음으로 품어 중보하는 가운데 '신자를 인내하게 하시는 성령께 의지'해야 함을 계속 상기시켜 주며, 그들이 다시금 하나님 앞에 나아가 신앙의 의무를 다하도록 격려해야 한다.

제19장
하나님의 율법

1. 하나님께 대한 사랑과 이웃 사랑, 즉 하나님께 대한 우리 인간의 의무와 인간 상호간의 도리

2. 지금은 폐지되었으나, 그 일부는 예배와 그리스도에 대한 계시의 말씀으로, 또한 공동체의 사회 도덕적 교훈으로서의 유용성을 포함하고 있다.

3. (의)
   (존)(중)
   (유)(익)

4. 사람마다, 신자들마다 인격과 성품, 자라난 환경과 삶의 여건들이 다 달라서, 자기 나름대로 순종하기 '더' 어려운 계명이 있는 것 같다. 우리에게 중요한 것은, 그 해결책을 찾아내는 것이다. 교리 공부는 '머리'에서 끝나는 것이 아니라 '손과 발'(삶)에까지 내려와 결실해야 하니, 진지하게 고민하는 시간을 가져보자.

제20장
그리스도인의 자유와 양심의 자유

> 신자에게 주어진 자유는 그리스도께서 우리를 위해 값 주고 사신 것인데,
> 사람들이 갖가지 미신적인 생각과 우상 숭배적인 가치관에 사로잡혀서 곤란해 할 때,
> 참 신자는 자유를 느낀다. 죄와 사탄의 권세로부터의 자유가 주는 기쁨과 쾌감은
> 그 자체가 우리에게는 참 소중한 인생의 '자산'이다.

1. (율)(법)
   (죄) / (사)(탄)
   (순)(종)
   (비)

2. (말)(씀) / (양)(심) / (자)(유)

3. 신자의 자유가 선량한 관습이나 법률에 위배된다면, 그것은 하나님께서 세우신 제도에 저항하는 것이므로 그 자유는 제한되는 것이 마땅하다. 그러나 반대로, 관습이나 법률이 하나님의 말씀과 양심에 위배된다면, 그것은 죄이므로 신자는 마땅히 그것에 저항할 자유가 있고, 또 그렇게 해야 할 영적 의무가 주어진다.

4. (1) 건전한 신앙 활동을 금지하거나 방해하는 일체의 법률이나 행정 명령
   (2) 인간의 양심과 기본권에 반하는 '전체주의적' 가치관이나 제도
   (3) 성경과 양심에 반하는 문화(동성애, 물질만능주의, 외모지상주의 등)

제21장
예배와 안식일

주일(Lord's day) = 그리스도인의 안식일. 이 날이 주는 유익은 영혼의 안식과 말씀의 공급, 성도의 교제와 삶의 즐거움이 더해지는 것이다. 비록 구약의 안식일(토요일)은 폐지되었을지라도, "엿새 동안은 일하고 제 칠일에는 안식하라"
(십계명 중 제4계명. 출 20:9-10)는 하나님의 말씀 자체는 폐하여지지 않았다는 믿음과 이해에서 생겨난 이 교리의 의미와 가치를 우리는 깊이 생각해야 할 것이다(7-8항).

1. (1) 살아 계시는 하나님
   (2) 중보자 예수 그리스도
   (3) 성경   [1항] (존)(재) / (방)(식) / (성)(경)   [2항] (중)(보)(자) / (예)(수)

2. 깨닫는 마음으로 기도하는 것 자체가 -하나님께서 신자에게 요구하시는 바- 하나님께 대한 경외심의 발로이자 참다운 '예배 행위'이다.

3. (1) 기도, 성찬 예식, 성경 읽기, 설교 전달, 설교 경청, 시편 찬송
   (2) 순종하는 마음과 깨어 있는 양심으로 설교를 듣되, 이해와 믿음, 경외심을 가지고 설교를 듣는 현장에서 사고력을 동원하여 귀담아 들어야 한다.

4. (1) 매일 규칙적으로 개인 예배(성경 읽기/기도).
   (2) 주 1회 가정 예배 모임.
   (3) 주일 예배 준비에 최선을 다하며, 주일 공예배를 위한 기도에 더 힘씀.

제22장
맹세와 서원

> 사람들은 주로 자신이 억울할 때나 다른 사람들이 자신을 믿어 주기를 바랄 때 '맹세'라는 걸 한다. 그러나 성경적 맹세와 서원은 하나님께 대한 사랑과 열정에서 우러나오는 신자의 '결단'을 일컫는다.

1. 우리의 신앙이나 진리를 확증해야 할 때, 또는 합법적인 권세에 의하여 맹세시킴을 당할 때 신자는 -하나님의 이름으로- 맹세해야 한다(2항). 그러나 진리라고 확신하는 것이 아니거나 자신이 실행하기로 결심한 것이 아니라면, 신자는 결단코 맹세해서는 안 된다(3항). 예수님께서 "도무지 맹세하지 말라"(마 5:34)고 하신 이유는 맹세하는 이들의 본성적 연약함으로 인해 -분수와 능력에 지나치게- 맹세하지 말라는 뜻이다.

2. 예수님께서 의미하신 바는 사람들이 -외부에 존재하는 권위 있는 대상을 빌미로- 부당하게 자기 정당성을 주장하려는 잘못된 태도를 지적하신 것이다. 그러나 바울 사도는 자신의 의도와 행동에 대해 고린도 교회가 오해하여 문제를 일으킬 수도 있다는 우려 때문에 가장 강력한 방식으로 단호하게 '진실'을 밝히고자 했던 것이다.

3. (맹)(세) / (하)(나)(님)
   성경에 위배되는 일이나 자기 능력(권한) 밖의 일에 대해 서원해선 안 된다.

4. 하나님께 기쁨과 영광이 됨. 하나님과의 관계에 있어서 '동력'을 부여하며, 교회 공동체와 이웃에 실질적인 유익을 끼치고 서원자 자신에게 기쁨과 만족.

제23장
국가의 위정자

> 예수 그리스도의 아버지, 하늘에 계신 우리 아버지 하나님께서는 만물의 통치자로서 세계 역사를 섭리하시고 각 나라의 정치 체제와 위정자들을 통해 온 땅을 다스리신다. 그러므로 각 나라에 속한 신자들은 합법적인 국가 권력에 순응하고 협력해야 하며, 좋은 정치가로서의 선한 활동도 격려받아야 한다.

1. 하나님께서 각 나라에 위정자를 세우시는 목적은 1) 하나님의 영광과 2) 국민의 공익을 제고하기 위함이다. 그러므로 신자들 역시 사회 도덕과 정의 함양, 사회적/종교적 평화 수호의 가치를 위해 정치에 참여해야 한다.

2. 교회는 -국가에 대한 의무를 다하고 있음을 전제하여- 정부와 국가 권력이 정당한 교회의 예배와 활동을 보호할 의무를 가지고 있음을 상기시켜야 한다.

3. 합법적 통치 행위에 순응(납세/준법)하고, 위하여 기도하며, 위정자를 존중하는 것이 교회와 신자의 의무이다. 다만, 이 교리는 입헌군주제 하에서 수립된 것으로서, 현재 우리는 "모든 권력은 국민으로부터 나오는" 입헌 민주공화제하에서 살고 있음을 유념해야 할 것이다(헌법 제1조 1-2항).

제24장
결혼과 이혼

> 요즘 일부 청년들의 경우에는 경제적 부담과 안정된 삶,
> 구속받지 않는 자유에 대한 욕구 때문에 결혼을 회피하는 경우가 많은 듯하여 안타깝다.
> 그럼에도 불구하고 결혼은 그리스도 안에서 자유의 영역에 속해 있다.
> 결혼하는 것도 주를 위하여! 결혼하지 않는 것도 주를 위하여!

1. (1) 정의 : 한 남자와 한 여자 사이의 성적 결합과 가정의 수립.
   (2) 목적 : ❶남편과 아내의 상호 협조 ❷후손을 통한 인류 증가 ❸교회의 번성(성장) ❹부정 방지

2. (선)(택)
   (주)
   (친)(족)

3. 배우자의 외도, 배우자로부터의 배척(부당한 별거). 그러나 이런 경우에라도 '순전한 편'의 신자는 교회의 도움과 지도를 따라 합법적인 절차를 밟아야 한다.

4. 우리의 신앙고백에 의하면, 결혼의 의의는 부부가 사랑으로 결합하여 서로에게 '품는 자'가 되는 것에 있다(2항). 부부의 대화와 함께하는 활동 시간 증대, 배우자의 정서적/기질적 약점을 이해하고 품어 줌, 부부간 상호 (육아/교육/재정 관련) 의견 존중이 필요하다.

제25장
교회

> 교회 = 그리스도의 몸, 하나님의 걸작품. '좋은 교회'는 경건한 예배와 친밀한 성도의 교제, 전투적 영성과 적극적인 복음 전도가 있는 교회.

1. (머)(리) / (신)(부) / (몸)
   (신)(앙) / (자)(녀) / (가)(족)

2. 주님께서 교회에 1) 사명(ministry, 영혼구원과 신자의 훈련을 위한 사역), 2) 예언(oracles, 구두로 전달되는 하나님의 말씀, 설교[자]와 복음 선포), 3) 하나님의 규범(ordinances, 순종해야 할 하나님의 명령들)을 주셨는데, 그 목적은 택함받은 신자들을 불러서 온전한 자로 세우는 것.

3. 공교회의 순수성은 개 교회 안에서 복음 교리(삼위일체 하나님, 예수님의 죽음과 부활, 그리스도의 신성과 인성)가 얼마나 철저하게 받아들여지고 있는지, 공예배와 설교가 얼마나 성경적 원리에 충실한지 여부에 달려 있다.

4. (1) 성경이 가르치는 복음의 교리들을 바르게 고백하며 실천하기를 힘씀.
   (2) 성경이 말씀하는 바, 영혼 구원을 위한 '하나님의 일'을 힘써 행함.
   (3) 성도가 서로 교통하고, 서로 도우며, 서로를 뜨겁게 사랑함.

제26장
성도의 교통

> 힘들 때 믿고 얘기할 수 있는 '절친'이, 그리고 나의 절실한 기도를 부탁해서 함께 기도하는 '신실한 친구'가 교회 안에 있었으면 좋겠다.

1. (은)(혜) / (고)(난) / (죽)(음) / (부)(활)
   (죄) / (말)(씀) / (기)(도)

2. (1) 지체들이 함께 예배하고
   (2) 필요를 따라 서로 섬기며
   (3) 정서적/물질적으로 서로를 돕고
   (4) 타문화권 교회와도 교제를 확대함.

3. (동)(등)
   (침)(해)

4. (1) 서로 대화를 나눌 기회와 시간을 확보하고 늘려 가기.
   (2) 교회 밖에서 함께 놀고 어울려서 먹는 시간을 가지기.
   (3) 서로의 기도 제목을 나누고 함께 기도하는 시간 가지기.

제27,28장
성례와 세례

1. (은)(혜) / (표) / (혜)(택)
   '세례'가 표시하는 하나님의 은혜는 중생과 죄사함, 그리고 그리스도와의 연합과 새 생명(헌신)이다.

2. (세)(례) / (음)(료)
   (1) 성례의 효력은 집례자의 능력과 의지에 좌우되지 않음.
   (1) 성례의 효력은 성령의 역사와 말씀의 효력에 의존.
   (2) 성례는 오직 안수받은 목사에 의해서만 시행되어야 함.

3. 구원의 은혜가 신자에게 가져온 세 가지 유익을 상징적으로 보여 주기 때문이며(2번 해답 참조), 또한, 세례받은 신자의 평생에 성례의 은혜와 유익들이 실제로 수여되어서 나타나고 있기 때문이다.

4. (세)(례) / (함)(께) / (새)(생)(명)
   나의 결심 : 세례가 중생과 죄사함과 더불어 그리스도와 연합된 새 생명을 상징하는 예표라는 것을 깊이 묵상해 보라.

제29장
성만찬

> 신자로서 성찬 예식에 참여할 때, 우리는 초대 교회의 성만찬이 실제의 공동 식사로서, 성도의 교제와도 깊이 연결되어 있음을 잘 생각해 보아야 한다.

1. 교회가 시행하는 '성만찬'의 실질적 의미는 그리스도 안에서 신자와 신자 사이의 연합과 믿음 안에서 하나됨을 추구하는 데 있다고 할 수 있다.

2. 성찬의 떡과 포도주가 상징하는 바는 그리스도의 살과 피라고 인정되지만, 실제로는 -그리스도의 살과 피가 아니라- 떡과 포도주로서의 성격을 그대로 가지고 있다. 그러므로 로마 가톨릭교회의 주장은 거부되어야 한다. '화체설'은 예수님의 말씀과 성경에 배치되는 거짓 교리로서, 우상 숭배와 미신의 원인이 될 수 있기 때문에 반드시 거부되어야 하는 것이다.

3. "그리스도의 살과 피가 신자의 믿음에 임재하므로" 성찬의 은혜로서 신자는 믿음의 확증과 증진, 성도의 친밀한 교제의 증대를 기대한다.

4. (1) 공동체 수련회 : 서로 대화를 나눌 기회와 시간을 늘려 가기.
   (2) 아웃팅 : 교회 밖에서 함께 놀고 어울려서 먹는 시간을 가지기.
   (3) 소그룹 모임 : 함께 말씀(교리)을 배우고 서로의 기도 제목 나누기.

제30장
교회의 권징

> 교회가 행사하는 '권징'(censures, 경고하고 징계함으로써 '불신임을 표명'함)은 세상 속에서 죄와 맞서서 싸우는 '전투하는 교회'를 떠올리게 한다.

1. "범죄한 형제를 바로잡으라"(갈 6:1-5)고 명령하는 성경은 교회 안에 다스리는 자들의 존재를 명시함으로써 교회가 수행하는 사법적 기능을 제시한다. 교회에 이러한 기능과 규범이 필요한 이유는 공동체의 질서와 신자들의 순결을 유지하기 위함이다.

2. 권징의 목적(5가지)은 범죄한 신자를 바로잡고, 다른 지체들이 같은 죄를 범하지 않도록 하며, 그 죄가 공동체에 퍼지지 않게 함으로써 복음과 거룩한 신앙고백을 수호하고 하나님의 진노가 교회에 임하지 않도록 하기 위함이다. 이러한 목적을 가진 권징에는 권고, 한시적 성찬 참여 금지, 출교 등 세 가지이다.

3. 교회의 권징은 유혹당하는 신자의 신앙과 경건, 순결한 삶의 회복과 함께 주변의 지체들에게 경각심을 불러일으키는 효력을 드러낸다.

4. 당사자의 참된 회개와 원상 복구를 위한 노력 여부를 먼저 확인하고, 교회는 권징을 위한 회의를 소집하여 단호하면서도 은혜롭게 처리한다.

제31장
공회와 회의

> 물론, 교회 안에서는 '쓸데 있는' 회의를 해야 하고, 이러한 신자들 간의 소통과 효율적인 교회 사역을 위해서 이러한 회의(협의회)는 반드시 필요한 것이라 하겠다(잠 15:22; 20:18).

1. '할례'와 관련한 신학적 문제가 당시 예루살렘 회의의 중요 의제였다. 당시 그 신학적 문제는 '실제로 사람이 어떻게 죄 사함을 받고 온전히 구원받을 수 있는가'와 관련된 매우 중차대한 문제였기에 사도들의 토론이 필요했다.

2. (논)(쟁)
   (양)(심)
   (내)(부)
   (재)(판)

3. (오)(류) / (규)(칙) / (보)(조) / (교)(회) / (탄)(원)

4. 개 교회 내의 회의들에는 당회, 제직회, 공동의회, 교역자 회의 등이 있다. 시의적절한 회의(의논)와 소통은 교회의 효율적 사역과 갈등 해소에 있어서 매우 은혜롭고 효과적인 수단이 되므로 적절하게 활용할 필요가 있다.

제32장
죽음 후의 상태와 부활

> 일반적으로 신자들은 자신이 예수 믿은 이후 영혼의 불멸을 믿고 받아들이게 된다. 성경의 증거 외에도, 인간의 보편 의식 속에는 인간의 영혼이 육체의 죽음과 함께 소멸되지 않고, 어떤 형태로든 살아 있다고 믿는 듯하다.

1. 신체는 부패하여 흙으로 돌아가고, 영혼은 '즉시' 하나님께로 가서 심판을 받고 천국, 또는 지옥으로 간다. -사후 세계에는 '시간'의 흐름이 없다는 신비로운 개념을 생각해 볼 때- 모든 사람은 죽자마자 역사의 마지막 순간에 도달하여, 하나님의 심판에 의해, 신자는 천국으로 불신자는 지옥으로 가게 된다.

2. 영혼 불멸을 기정 사실로 받아들이게 되고, 또한 사람들은 죽음을 매우 두려워하는 본성이 있는데, 이는 죄에 대한 형벌을 두려워하는 인간 본성에서 기인한 것이라 생각된다. 그러나 무엇보다, 성경이 하나님의 말씀이며 '진리'라고 인정하게 되면서 지옥의 실재를 당연하게 믿게 된다.

3. 주님께서 재림하시는 날에, 살아 있는 사람들은 변화를 받고, 이미 죽은 모든 신자와 불신자는 새로운 몸과 결합하여 부활한다. 그 이후에, 심판의 자리로 나아가 그 행위대로 심판을 받게 되는데, 이때 신자는 그리스도의 공로에 의하여 영광을 누리게 되지만 불신자는 자기 죄에 대한 마땅한 형벌 가운데로 들어가게 된다(계 20:11-15; 22:10-17)

4. 사도의 말씀은 믿는 이들에게 죽음에 대한 두려움을 이기는 힘을 주고, 삶 가운데 직면하는 모든 고난 속에서 담대함을 더해 주는 능력이 된다.

제33장
최후의 심판

> 세상이 천년만년 계속된다 하더라도, "인간 개개인은 누구나 죽는다"는 그 변치 않는 자연의 진리 때문에 '부활의 대망'은 여전히 유효하다. 세상이 앞으로 또 다른 천 년이 지나간다 해도, 우리 모두는 육체가 죽는 그 순간 하나님의 심판대 앞에 서있는 자신을 발견하게 될 것이다.

1. 모든 사람은 반드시 자기 행위대로 심판을 받는다. 이때 그 '재판장'은 선지자요 왕이자 대제사장으로 세상에 오셨던 주 예수 그리스도이시다.

2. 심판의 날을 정하신 목적은 택자를 구원하시는 하나님의 긍휼의 영광과 불순종하는 사악한 자들(불신자)을 멸망시키시는 하나님의 공의의 영광을 나타내기 위해서이다.

3. 심판에 대한 확신을 주시는 목적은 범죄를 막고 고난 중에 있는 경건한 자녀들을 위로하시기 위함이다. 그러나 '그날'을 아무도 모르게 하신 이유는 자녀들이 항상 깨어 있어서 그날을 사모하게 하기 위함이다.

4. "몸은 죽여도 영혼은 능히 죽이지 못하는 자들을 두려워하지 말고, 오직 몸과 영혼을 능히 지옥에 멸하실 수 있는 이를 두려워하라"(마 10:28)